Maximale Kundennähe am Telefon

Claudia Fischer

Maximale Kundennähe am Telefon

So nutzen Sie Ihr intuitives Potenzial im Business

3., erweiterte und überarbeitete Auflage

Claudia Fischer
Unterhaching
Deutschland

Die 1. und die 2. Auflage erschienen unter dem Titel „Maximale Telefonpower".

ISBN 978-3-658-02985-2   ISBN 978-3-658-02986-9 (eBook)
DOI 10.1007/978-3-658-02986-9

Die Deutsche Nationalbibliothek verzeichnet diese Publikation in der Deutschen Nationalbi-
bliografie; detaillierte bibliografische Daten sind im Internet über http://dnb.d-nb.de abrufbar.

Springer Gabler
© Springer Fachmedien Wiesbaden 2005, 2008, 2013

Lektorat: Manuela Eckstein

Gedruckt auf säurefreiem und chlorfrei gebleichtem Papier

Springer Gabler ist eine Marke von Springer DE. Springer DE ist Teil der Fachverlagsgruppe
Springer Science+Business Media
www.springer-gabler.de

Geleitwort

Über Service wird heute viel diskutiert: „Was erwartet der Kunde von morgen? Werden Kunden wirklich zuvorkommend genug behandelt? Wie geht man mit Beschwerden um? Gibt es zusätzliche Angebote?"

Eines wird dabei allerdings häufig vergessen: Service ist kein singuläres Ereignis, sondern zieht sich durch alle Kontaktstufen und Kommunikationskanäle. Und ein Kanal wird dabei häufig völlig unterschätzt – das Telefon. Wie oft kommt eine Kundenbeziehung oder ein Geschäft erst gar nicht zustande, weil der Gesprächspartner am anderen Ende der Leitung schon beim Erstkontakt als unsympathisch oder unhöflich wahrgenommen wird?

Hier gibt es Handlungsbedarf! Und „Maximale Kundennähe am Telefon" hilft dabei.

Aus diesem Buch können selbst gewiefte Telefonprofis noch einiges lernen. Wenn Sie zum Beispiel meinen, Sie kennen bereits jede Technik und jeden Kniff, um am Telefon einen optimalen Auftritt zu haben, wird Claudia Fischer Sie überraschen – sehr überraschen! Denn mit diesem Buch halten Sie das Sahnehäubchen in Sachen „Telefonpower" in der Hand.

Was macht dieses Buch anders als andere? Nun: Viele Fachbücher bieten relativ stereotyp Gesprächsleitfäden und eine gute Portion Theorie an, die Sie als Leser bzw. Nutzer auswendig lernen können, um sie dann im entscheidenden Moment „herunterzubeten". Als Basis ist dieses Wissen sicherlich auch unverzichtbar, aber sich nur darauf zu konzentrieren, wäre zu kurz gesprungen. Claudia Fischer geht deutlich weiter. Zu Recht! Denn Kunden erwarten heute deutlich mehr. Sie wünschen sich eine individuelle und persönliche Service-Kommunikation – einen One-to-one-Service!

In „Maximale Kundennähe am Telefon" entdecken Sie, wie Sie Ihre Persönlichkeit, Ihr Charisma und Ihre Emotionen gezielt einsetzen können, um im Telefonkontakt zu punkten. Wie Sie mit Empathie und Intuition schnell Beziehung schaffen und Ihr Gegenüber für sich gewinnen.

Sie werden sich selbst und Ihr Telefonverhalten von einer völlig neuen Seite kennen lernen!

Claudia Fischer weiß, wovon sie spricht. Als Spezialistin für Kommunikation am Telefon gelingt es ihr, in ihrem Buch eine Fülle von Tipps mit Praxisrelevanz zu geben. Also – probieren Sie die Tipps aus. Ich bin sicher, Sie werden damit noch erfolgreicher werden.

Herzlichst
Ihre
Sabine Hübner
Service-Spezialistin, Keynote-Speaker und Unternehmerin

Für wen dieses Buch geschrieben wurde

Damit das Mögliche entsteht, muss immer wieder das Unmögliche versucht werden.

Hermann Hesse

Telefonratgeberbücher gibt es viele. Meist werden darin zentrale Telefontechniken dargestellt und Strategien für typische Gesprächssituationen beschrieben. Und das ist auch gut so. Denn richtig angewandt, lässt sich damit bereits einiges bewegen.

Tatsache ist allerdings auch, dass es über diese grundlegenden Techniken hinaus viele weitere Optimierungsmöglichkeiten für engagierte Vieltelefonierer gibt, die bisher kaum vermittelt wurden – schon gar nicht in Buchform! In diesem Buch lernen Sie die wichtigsten dieser Techniken und Strategien kennen. „Maximale Kundennähe am Telefon" ist ein Buch für Telefonprofis (und alle, die Profis werden wollen).

Denn hier werden wohl zum ersten Mal die entscheidenden Softskills des Telefonierens vermittelt, die Ihnen eine ganz neue Qualität Ihrer Gespräche und Kundenbeziehungen ermöglichen – Softskills, die Sie sehr einfach erlernen können, weil sie in diesem Buch sehr praxisgerecht präsentiert und mit einfachen Übungen in kürzester Zeit verinnerlicht werden können.

Dieses Buch ist entstanden, weil es mir am Herzen liegt, Ihnen bei Ihrer Entwicklung zu noch mehr Telefonerfolg gezielt weiterzuhelfen. Es ist ein Buch, das aus meiner eigenen Praxis als

Telefontrainerin gewachsen ist und direkt auf Ihre Telefonpraxis übertragen werden kann. Die vorgestellten Strategien sind selbstverständlich erprobt und erfolgreich eingesetzt – bei Ihrem Praxistransfer werden Sie feststellen, welche erstaunlichen Verbesserungen damit möglich sind. Sie werden Ihre Gesprächspartner näher und ganz anders als bisher kennenlernen und durch neue Techniken des Miteinanders erstaunliche Erfolge erzielen.

Damit Sie den größten Nutzen aus „Maximale Kundennähe am Telefon" ziehen, empfehle ich Ihnen Folgendes:

- Falls Sie noch Optimierungsbedarf in Ihrer Rhetorik oder Verbesserungspotenzial beim strukturierten, ziel- und ergebnisorientierten Telefonieren haben, beschäftigen Sie sich bitte auch damit. Denn das ist die optimale Basis für das erfolgreiche Telefonieren.
- Dann (oder parallel dazu) arbeiten Sie mit diesem Buch.
- Öffnen Sie sich für neue Wege und Möglichkeiten.
- Lesen Sie das Buch sukzessive durch und üben Sie anhand der Beispiele.
- Arbeiten Sie konsequent mit Ihren neu gewonnenen oder vertieften Fähigkeiten.
- Nutzen Sie gern auch private Kontakte, um Ihre Fähigkeiten zu intensivieren.
- Üben Sie, üben Sie, üben Sie!

In dieser aktualisierten 3. Auflage finden Sie ein zusätzliches Kapitel zur Kombination von Telefonieren mit Online-Medien wie E-Mail und Social Media.

Viel Freude beim Lesen, viel Spaß beim Üben und viel Erfolg beim Telefonieren wünscht Ihnen herzlichst Ihre

Claudia Fischer
www.telefontraining-claudiafischer.de

Inhaltsverzeichnis

Die Autorin

 **Claudia Fischer** gilt als die Expertin für profitable Telefonate im deutschsprachigen Raum. Ihr Erfolgsgeheimnis: ein mehrstufiges, praxisorientiertes und individuelles Trainings- und Betreuungssystem zur Optimierung von Business-Telefonaten auf höchstem Niveau. Damit gelingt es, über aus- und eingehende Telefonate Mehrumsatz zu generieren. Durch professionellere und niveauvollere Telefonate werden mehr und/oder umfangreichere Aufträge erzielt, die Begeisterung der Kunden wird langfristig gesichert und es werden mehr Weiterempfehlungen generiert.

Claudia Fischer profitiert dabei von ihrer umfassenden Berufserfahrung in Verkauf und Verkaufsförderung internationaler Markenunternehmen. Deshalb kann sie sich in kürzester Zeit in unterschiedlichste Arbeitsplatzsituationen eindenken, individuelle Lösungen für individuelle Unternehmen und Menschen entwickeln – und auf diese Weise den notwendigen Praxistransfer auch langfristig sicherstellen.

Heute und in Zukunft: Noch erfolgreicher telefonieren

Telemarketing spielt bei über 50 % der Unternehmen eine große Rolle und gehört damit zu den beliebtesten Kundenmanagement-Tools. Zu diesem Ergebnis kam jetzt das Marktforschungsunternehmen DTO Research, Düsseldorf. Für die Online-Studie „Telemarketing 2.0" wurden Unternehmer und Entscheider aus 380 deutschen Firmen befragt.

Demnach nutzen 44 % der Unternehmen Telemarketing zur Kundengewinnung. Den größten Nutzen dieses Vertriebskanals sehen 87 % der Befragten in der Gewinnung von Neukunden. Für 64 % ist das Telefon geeignet, um Stammkunden zu halten, 31 % glauben an den Nutzen von Telefonumfragen zur Marktanalyse. Interessant ist Telemarketing für Unternehmen, die über ein kleines Netzwerk verfügen, oder die, die einen ausgewogenen Marketing-Mix verfolgen.

Der Erfolg von Telefonmarketing wird je nach Branche unterschiedlich bewertet: Während die Befragten der Branchen Telekommunikation (70 %), Versicherungen (51 %), Verlagswesen (42 %) und Non-Profit (45 %) dem Telemarketing gute Erfolgschancen einräumen, sieht man diese im Bereich Maschinenbau (14 %), Kleidung (10 %) und Bauwesen (9 %) eher geringer an.

Laut der Studie wird die Nutzung von Telemarketing in der Zukunft sogar leicht zunehmen. Auch wenn die Konkurrenz durch die neuen Medien (Internet, Social Media) spürbar ist, so ist das Telefon mit weitem Abstand der wichtigste Kommunikationska-

C. Fischer, *Maximale Kundennähe am Telefon*,
DOI 10.1007/978-3-658-02986-9_1,
© Springer Fachmedien Wiesbaden 2013

nal für die Wirtschaft, deutlich vor dem Internet (in Form von E-Mails). Fast keine Bedeutung hat mittlerweile der klassische Briefverkehr.

Besonders interessant: Unter qualitativen Aspekten wird die Bedeutung des Telefons sogar noch deutlich zunehmen! Denn die Gewinnung neuer und die Bindung vorhandener Kunden ist ohne ein leistungsfähiges Telefonteam nach Einschätzung der befragten Unternehmen kaum denkbar!

Umso nachdenklicher sollte uns bei dieser Entwicklungsperspektive die Tatsache stimmen, dass viele Menschen nach wie vor glauben, dass das professionelle Telefonieren „kinderleicht" sei! Fakt ist: Der Umgang mit dem Medium Telefon wird einerseits immer anspruchsvoller, andererseits aber völlig unterschätzt. Teilnehmer meiner Trainings berichten immer wieder, dass sie belächelt werden, weil sie an einem Telefontraining teilnehmen dürfen (oder müssen).

„Hast du das nötig?" oder „Kannst du immer noch nicht telefonieren?" werden meine Trainingsteilnehmer dann von schlecht informierten Kollegen/Freunden/Bekannten gefragt. Solche Aussagen machen deutlich: Sowohl das Sprechen als auch das Telefonieren läuft bei den meisten Menschen immer noch ganz überwiegend auf un- oder unterbewusster Ebene ab. Das ist schlimm! Und noch schlimmer wird es dadurch, dass das Telefonieren künftig nicht einfacher, sondern noch schwieriger wird. Mit „Talent" ist es da nicht getan …

Fakt ist: Natürliche Begabung für die Kommunikation mit anderen ist zwar eine wundervolle Sache – sie alleine reicht jedoch nicht aus. Nur wer seiner Begabung „auf die Sprünge hilft", also durch theoretisches und praktisches Training mit einem erfahrenen Trainer sowie durch kontinuierliches Üben ständig an sich arbeitet, schafft es in (fast) allen Situationen am Telefon, „einen guten Draht" zum Kunden zu finden, also die richtigen Worte zur richtigen Zeit zu formulieren – und dabei auch noch eine charismatisch-charmante und überzeugende Ausstrahlung zu haben.

„Da bin ich ja nicht mehr authentisch …"

… ist eine beliebte Ausrede von Menschen, die die enormen Ver-
besserungsmöglichkeiten der Kommunikation via Telefon noch
nicht erkannt haben – oder nicht erkennen wollen. Da Sie dieses
Buch gekauft haben, gehören Sie nicht zu diesen Menschen.

Gut so! Sie wissen, dass gutes, also erfolgreiches Telefonieren
kein Zufall ist. Vielleicht haben Sie bereits erste Bücher zum Thema „Telefonieren" gelesen – oder sogar schon an ersten Trainings
oder Coachings teilgenommen. Jetzt wollen Sie noch besser werden – und mit diesem Buch ist das möglich.

Die Kunst wirklich professionellen Telefonierens ist vergleich-
bar mit Profisport oder dem Erlernen einer Fremdsprache. Wer
weiterkommen will, muss zuerst einmal die Grundtechnik beherrschen, erst dann kommen Leichtigkeit, Spaß, noch mehr Erfolg und Sicherheit dazu. Ohne Unsicherheiten und Rückschläge
in der Übungsphase geht es nicht. Grundvoraussetzung für den
Erfolg sind eine konstant-positive Grundeinstellung und ein
deutliches „Ja" zur eigenen Unsicherheit!

Darauf lässt sich dann aufbauen. Davon ausgehend lassen sich
weiterführende Techniken und Strategien erlernen, wie sie in diesem Buch vermittelt werden – Techniken und Strategien, die vor
allem die Gefühlswahrnehmung und -steuerung in den Mittel-
punkt rücken, ohne die langfristig überdurchschnittlicher Erfolg
nicht möglich ist. Denn, was selbst vielen guten Telefonierern
nicht deutlich genug bewusst ist, ….

Das Telefon ist ein intuitives Medium!

Was ist Intuition? Intuition bedeutet sowohl Eingebung, das heißt
„erahnendes, unbewusstes Erfassen von Zusammenhängen" als
auch „Erfassen, Begreifen von Zusammenhängen, Vorgängen
oder Sachverhalten aufgrund unmittelbarer Anschauung, nicht

auf Grund von Reflexion" (Langenscheidts Fremdwörterbuch). Das Telefon ist scheinbar ein anonymes Medium, weil beide Gesprächspartner lediglich auf das Hören (und Fühlen) beschränkt sind und alle visuellen Hilfsmittel entfallen. Trotzdem ist die Bandbreite der übermittelbaren Botschaften riesig! Denken Sie doch nur mal an Ihre eigenen Telefonerfahrungen: Bereits in den ersten Gesprächssekunden, in denen nur wenige Begrüßungsworte gesprochen werden, entscheiden wir meist schon, ob bzw. wie sehr uns der Mensch am anderen Ende der Leitung sympathisch ist. Bei geschäftlichen Telefonaten sind – nach der Begrüßung – die ersten zwanzig bis dreißig Sekunden ausschlaggebend, ob und wie das Gespräch weiter geht. Grundsätzlich gilt: Je länger das Gespräch, desto klarer unser Bild. Wir „sehen mit den Ohren". Und spüren einfach, ob sich ein Mensch für uns interessiert – oder nur Eurozeichen und seinen Verkaufsabschluss im Kopf hat. Über das, was wir hören, können wir Stimmung, Gefühlslage und Einstellung des jeweiligen Gesprächspartners sehr genau einschätzen. Wir wissen, ob dieser Mensch vertrauenswürdig ist – oder nicht. Wir ahnen, wie zuverlässig, flexibel usw. er (oder sie) ist. Natürlich gibt es manchmal auch Menschen, die uns am Telefon blenden können; solche Blender operieren allerdings meist lieber im direkten, persönlichen Kontakt, da fällt ihnen das Blenden leichter. **Wichtig zu wissen:** In Wirklichkeit ist das scheinbar anonyme Medium Telefon das Gegenteil von anonym. Sensible Menschen, die sowohl über Menschenkenntnis als auch ein hohes Maß an Einfühlungsvermögen verfügen, können über das Telefon in ihrem Gesprächspartner fast lesen wie in einem „offenen Buch". Vieles braucht gar nicht gesagt zu werden – und wirkt trotzdem.

In einem meiner Trainings fragte mich ein Teilnehmer, wie er es schaffen könnte, von den von ihm so bezeichneten „Höllenhunden" – er meinte damit Sekretärinnen/Assistentinnen von potenziellen Kunden – zu den relevanten Entscheidern durchgestellt zu werden. Er hätte schon verschiedenste Methoden versucht und immer wieder würde er scheitern. Er echauffierte sich außerordentlich über diese – so wörtlich – „Zicken mit Haaren auf den Zähnen", die ihm seinen Job unendlich erschweren würden. Sein Problem: Schon wenn er von der Telefonzentrale mit einer solchen Assistentin oder Sekretärin verbunden wurde, löste das ein klar definiertes Glaubensmuster aus, dass er es eben wieder mit einem solchen „Höllenhund" zu tun bekommen würde. Bei solch einer Grundeinstellung konnte sich daran natürlich auch nie etwas ändern – die nachfolgenden Gespräche waren von Anfang an zum Scheitern verurteilt. Was geschah ganz konkret? Die Sekretärinnen/Assistentinnen spürten unterbewusst die Hemmung und gleichzeitig Abneigung des Anrufers. Sie erahnten seine Annahme, erneut nicht durchgestellt zu werden. Sie spürten, dass das, was er ihnen sagte, nicht mit dem übereinstimmte, was er dachte. Diese Differenz ließ die Damen blockieren! Die Folge: Sie schirmten ihren Chef vor einem Menschen ab, der ihnen wegen dieser Widersprüche suspekt war.

Das Resultat für den Verkäufer war logischerweise frustrierend: Wieder und wieder machte er die gleiche leidvolle Erfahrung, nicht an den „Höllenhunden" vorbeizukommen!

In meinem Training veränderte der Teilnehmer seine Einstellung dann sehr schnell, als ich ihn auf diese Blockadeproblematik aufmerksam machte. Und im anschließendem On-the-job-Training zeigten sich deshalb auch rasch erste Erfolgserlebnisse. Das schier Unmögliche wurde wahr: Wie durch Zauberhand traf der Verkäufer in mehreren Gesprächen mit einem Mal auf lauter „nette Damen" am Telefon, auf Assistentinnen und Sekretärinnen also, die ihm entweder kompetent und freundlich Auskunft gaben oder ihn nach Beantwortung der Eingangsfragen sogar direkt an den Chef durchstellten ....

Ein Wunder? Nein.

▶ **Wichtig zu wissen** Positive, bewusste Veränderungen der Einstellung sorgen für eine überzeugende Kongruenz von Stimme und Sprache.

So trainieren Sie sich selbst

2

Von Hemmschwellen und Glaubensmustern

Bleiben Ihnen negative Erlebnisse länger und deutlicher in Erinnerung als positive? Fällt es Ihnen schwer, sich an erfolgreich abgeschlossene Telefongespräche zu erinnern – während Ihnen die starken Gefühle der letzten negativ verlaufenen Gespräche noch deutlich bewusst sind? Das geht vielen Menschen so. Misserfolge scheinen sich wesentlich stärker einzuprägen als Erfolge!

Das Schlimme daran: Wenn es Ihnen nicht gelingt, diese negativen Gefühle loszuwerden, blockieren diese Sie immer mehr und das Telefonieren fällt Ihnen zunehmend schwerer ...

In vielen Fällen bedeutet das: Sie wollen (und sollen) telefonieren und Ihr durch die negativen Gefühle aufgestachelter innerer Schweinehund reagiert mit massiver Abwehr. „Vielleicht sollte ich besser zuerst ein paar Geschäftsbriefe schreiben und dann anrufen", denken Sie sich dann in solchen Situationen. Oder: „Heute bin ich nicht in der richtigen Stimmung zum Telefonieren." Oder: „Morgen bin ich bestimmt lockerer und kann dann besser telefonieren ..."

Mit einem Mal fallen Ihnen unzählige Vermeidungsstrategien ein, mit deren Hilfe es Ihnen gelingt, die längst fälligen Telefonate wieder und wieder zu vermeiden. Nur noch schnell eine E-Mail schreiben, den Partner anrufen, einen Kaffee holen ... Tausend Dinge sind plötzlich viel wichtiger als die dringendsten Telefonate!

C. Fischer, *Maximale Kundennähe am Telefon*,
DOI 10.1007/978-3-658-02986-9_2,
© Springer Fachmedien Wiesbaden 2013

Doch aufgeschoben ist ja nicht aufgehoben! Die Konsequenz: Die anstehenden Telefonate werden immer mehr zur schier erdrückenden Last. Zudem plagt das permanent schlechte Gewissen. Die Stimmung wird immer schlechter. Die Vermeidungsstrategie nagt am Selbstwertgefühl. Und das letzte positive Erlebnis rückt in immer weitere Ferne. Ein Teufelskreislauf kommt in Gang!

Doch es geht auch anders. Statt negativer Glaubensmuster („Ich schaff' das doch nie …") oder negativer Vorannahmen (die schnelle Begrüßung des anderen wirkt abwimmelnd) lassen sich auch positive Glaubensmuster entwickeln und stärken!

Und zwar selbst dann (oder besser: gerade dann), wenn so anspruchsvolle Telefonaufgaben anstehen wie z. B. Kunden zu werben, zu denen noch kein Kontakt besteht, Kunden zurückzugewinnen, zu denen längere Zeit kein Kontakt bestand, oder Reklamationsgespräche zu führen.

Solche Aufgaben können für Menschen mit negativer Grundeinstellung zum reinen Horror werden. Doch mit der richtigen Einstellung und Strategie können auch solche Telefonate Spaß machen und auch noch zu positiven Ergebnissen (und Erlebnissen) führen!

Wie das geht? Ein wenig professionelle Selbstorganisation und cleveres Zeitmanagement können schon sehr viel bewirken. Darüber hinaus ist es möglich, ähnlich der sogenannten „Pawlowschen Konditionierung" den inneren Schweinehund dauerhaft zu überwinden, um dann, gut vorbereitet und gut gelaunt, noch erfolgreicher zu telefonieren.

Positive Konditionierung für erfolgreiche Telefonate

Erinnern Sie sich noch an Ihren Schulbiologieunterricht – an die sogenannte „Pawlowsche Konditionierung"? Nun, die Geschichte von Iwan Petrowitsch Pawlow ist schnell erzählt: Pawlow (1849–1936) war ein russischer Mediziner, der die Grundlagen der modernen Verhaltensforschung sowie neuere Lerntheorien entwickelt hat und dafür 1904 den Nobelpreis für Medizin erhielt.

Die wesentlichste Erkenntnis von Pawlow: Verhalten baut vielfach auf Reflexen auf, die sich „konditionieren" lassen. Relativ bekannt sind Pawlows Versuche mit Hunden: Pawlow entdeckte dabei zunächst einmal, dass die Speichelsekretion eines Hundes nicht erst mit dem Fressvorgang beginnt, sondern bereits durch den Anblick von Nahrung ausgelöst wird. Pawlow wollte nun wissen, ob sich die Reaktion des Speichelflusses auch durch „künstliche Reize" auslösen lässt. Deshalb bekamen die Hunde über einen längeren Zeitraum hinweg vor jeder Fütterung einen Klingelton zu hören. Was geschah? Der Klingelton wurde von den Hunden als Schlüsselreiz für die Fütterung angenommen! Sobald die Klingel ertönte, begann bei den Hunden der Speichel zu fließen. Und nicht nur das! Nach einiger Zeit reichte bei den Hunden alleine der Reiz, also der Klingelton, aus, um die Speichelsekretion auszulösen. Laut Pawlow war es gelungen, einen neuen Reflex zu „konditionieren".

Menschen sind konditionierbar

Der Glaube versetzt Berge, sagt ein Sprichwort. Der Glaube, die Vorannahme, mit der wir an eine Aufgabe herangehen, kann hindern oder unterstützen. Haben wir eine positive innere Haltung, gehen wir von einer positiven Vorannahme aus, erleichtert das den Umgang mit anderen. Oftmals können wir uns sogar selbst auf bestimmte (positive!) Verhaltens- und Denkweisen konditionieren. Was uns die wunderbare Möglichkeit gibt, negative Glaubensmuster zu sprengen und durch positive zu ersetzen!

Wichtig dabei: Verhaltensforscher haben festgestellt, dass es sogenannte „Verstärker" gibt, die den Lerneffekt der Konditionierung drastisch steigern können. Unterschieden werden dabei negative Verstärker, Bestrafungen sowie positive Verstärker. Bei den besonders wirksamen positiven Verstärkern wird wiederum in primäre und sekundäre Verstärker differenziert. Primäre Verstärker sind natürliche Verhaltensweisen, die als angenehm empfunden werden, beispielsweise Essen oder Trinken. Bei den sekundären Verstärkern handelt es sich um gelernte Verstärker, die zunächst neutral sind, aber im Verlauf des Erwachsenwerdens als positiv wahrgenommen werden – beispielsweise Geld oder Lob.

Setzen wir bei uns selbst solche „Verstärker" bei der Eigenkonditionierung ein, können sie diese je nach Anwendung deutlich beschleunigen und intensivieren – allerdings führt nicht jede Verstärkung immer sofort zum gewünschten Ziel.

Die Praxis hat gezeigt, dass vor allem sogenannte „Verstärkerpläne", also der geplante Einsatz von positiven Verstärkern, besonders wirksam sind. Unterschieden werden dabei insbesondere die folgenden vier:

1. **Kontinuierliche Verstärkung:** Jeder „Erfolg" wird belohnt – und zwar immer stärker. Vorteil: Die Lernkurve, also die Verhaltenserinnerung und -verankerung, steigt schnell an. Nachteil: Die Lernkurve fällt auch relativ schnell wieder ab.
2. **Intermittierende Verstärkung:** Hierbei wird nicht jeder „Erfolg" belohnt – sondern jeder zweite oder dritte. Vorteil: Die Erinnerung wird nachhaltiger aufgebaut. Nachteil: Es dauert länger, bis neue Verhaltensweisen angeeignet werden.
3. **Intervallverstärkung:** Bei diesem System wird erst mit einer gewissen Zeitverzögerung „verstärkt". Vorteil: Auch bei der Intervallverstärkung wird eine relativ nachhaltige Wirkung ausgelöst. Nachteil: Am Anfang wird keine verstärkende Wirkung erzeugt.
4. **Quotenverstärkung:** Bei diesem Verstärkungssystem wird erst dann belohnt, wenn sich eine bestimmte Anzahl von Erfolgsfällen eingestellt hat. Vorteil: längere und stärkere Wirkungsdauer. Nachteil: größerer Zeitaufwand.

Übrigens muss nicht unter allen Umständen ein „vollständiger Erfolg" belohnt werden. Positiv konditionierend wirkt es sich auch aus, wenn Sie sich für (zuvor festgelegte) Teilziele und Teilerfolge belohnen. Was lernen wir aus all dem? Nun, Selbstkonditionierung wirkt – wenn sie zielgerichtet eingesetzt wird. Deshalb gilt: Belohnen Sie sich – aber richtig!

Was können Sie sonst noch tun, um sich selbst positiv zu coachen? Dazu folgende sechs Tipps.

Sechs Tipps, wie Sie sich positiv konditionieren, positiv denken und noch erfolgreicher telefonieren

1. Bereiten Sie sich vor.

– Notieren Sie, welche Telefonate Sie zu führen haben. Also, um welche Art von Gespräch es sich jeweils handelt, welcher Branche die anzurufenden Kunden angehören, welche Positionen und Entscheidungskompetenzen Ihre Ansprechpartner haben usw.

– Arbeiten Sie für die unterschiedlichen Gespräche individuelle Konzepte aus, die auf die jeweilige Branche und die entsprechenden Bedürfnisse Ihrer Kunden ausgerichtet sind.

– Entwickeln Sie für sich einen „Telefonleitfaden" mit zu Ihnen und Ihrer Person passenden Formulierungen.

2. Planen Sie Ihre Zeit rechtzeitig und effizient.

– Bündeln Sie Ihre Telefonate: Führen Sie Telefonate mit ähnlicher Zielsetzung, ähnlichen Branchen und Ansprechpartnern kurz hintereinander – und zwar innerhalb eines engen Zeitkorridors. Dadurch nutzen Sie die zunehmende Vertrautheit mit dem Thema!

– Bündeln Sie Ihre Aufgaben: Wenn Sie telefonieren, dann telefonieren Sie – und beschäftigen sich in dieser Zeit mit nichts anderem! Aus den Gesprächen resultierende Korrespondenz, zum Beispiel zu erstellende Angebote, bearbeiten Sie in einem separaten Zeitkorridor. Das Einzige, was Sie nach jedem Gespräch sofort erledigen sollten, ist eine konkrete

Gesprächsnotiz erstellen, die Terminierung – falls erforderlich – des nächsten Telefonats vornehmen und die jeweiligen Aufgaben in die entsprechenden Zeit- und Arbeitsblöcke einplanen.

- Erstellen Sie sich einen Zeit- sowie einen Zielplan. Wen wollen Sie bis wann angerufen haben? Welche Ergebnisse, wie viele Abschlüsse wollen Sie erzielen?
- Planen Sie sich einen festen Zeitraum für Ihre Telefonate plus administrativer Zeiten ein und übertragen Sie diesen in Ihren Kalender.
- Am Vorabend überprüfen Sie noch einmal Ihre Aufgaben für den nächsten Tag und bereiten sich mental darauf vor.
- So starten Sie positiv in den Tag: Durch umfassende Planung werden Überraschungen weitgehend ausgeschlossen. Sie wissen, was Ihr Tag bringt. Gehen Sie's an ...

3. **Erkennen Sie Gefühlsschwankungen und ersticken Sie Angriffe des inneren Schweinehunds im Keim.**
   - Analysieren Sie immer wieder Ihre Stimmung. Was ist passiert? Beim Frühstück ging es Ihnen doch noch gut und jetzt beim Blick auf Ihre To-Do-Liste für den heutigen Tag macht sich schlechte Stimmung breit. Welche negativen Gefühle (flaues Gefühl im Magen, aufkommende Kopfschmerzen usw.) sind es, die Sie beherrschen – und warum?
   - Kommen Sie Ihren eigenen Vermeidungsstrategien (Kaffee kochen, E-Mails schreiben) auf die Schliche – und unterbinden Sie diese.
   - Zelebrieren Sie im Notfall eine zeitlich begrenzte „Selbstmitleidsparty". Durchleben Sie ausgiebig Ihren Weltschmerz und tauchen Sie voll ein in Ihre negative Gefühlswelt. Aber: Maximal 5 bis 10 min (vorher exakt festlegen), danach ist Schluss damit!

4. **Beenden Sie negative Situationen und Stimmungen aktiv.**
   - Falls wirklich einmal eine „Selbstmitleidsparty" nötig sein sollte, dürfen Sie diese nicht unendlich ausdehnen. Nach ein

paar Minuten sollten Sie Schluss damit machen. Schalten Sie aktiv auf positive Gefühle um. Es ist meist sehr hilfreich, für einen kurzen Moment den Arbeitsplatz zu verlassen. Stehen Sie auf, gehen Sie einmal rings um Ihren Schreibtisch und setzen Sie sich dann wieder hin. Sie werden sehen: Mit einem Mal sieht die Welt ganz anders aus!

– Unterstützen Sie Ihren Stimmungsumschwung durch ein laut und deutlich gesprochenes „STOP, jetzt reicht's"!

5. Starten Sie dann neu.

– Wenn es Ihnen gelungen ist, Ihre Stimmung in den neutralen Bereich zu „verschieben", starten Sie komplett neu, wie ein Computer, der neu gestartet wird. Helfen Sie Ihrem Stimmungsbarometer durch eine persönliche „Erfolgsparty" auf die Sprünge. Versetzen Sie sich in Siegerlaune, indem Sie sich Erfolge – zum Beispiel besonders tolle Abschlüsse oder angenehme Gesprächssituationen – bewusst ins Gedächtnis rufen.

– Umgeben Sie sich mit Erinnerungen an solche persönlichen Erfolgsgeschichten (Visitenkarten, Referenzschreiben, Geschenke von Kunden etc.).

– Auch Gedanken an schöne Erlebnisse – etwa das Lob zufriedener Kunden – wirken stimulierend.

– Gestalten Sie sich selbst eine insgesamt motivierende und inspirierende Atmosphäre. Ein paar Blumen oder Fotos der Lieben können da schon viel bewirken.

– Sind Sie bereit? Ja? Dann schotten Sie sich von weiterer Außeneinflüssen ab und „ziehen" Sie Ihren Ziel- und Zeitplan durch. Und zwar „en bloc"!

6. Belohnen Sie sich – Sie haben es sich verdient!

– Gönnen Sie sich nach dem Beenden einer Aktion eine Belohnung, die Sie sich schon vorher überlegen. WICHTIG: Die Belohnung gibt's erst hinterher. Vorweggenommene Belohnungen wirken oft kontraproduktiv. Denken Sie nur an die vielen Menschen, die sich ihre Diätpläne durch den Kauf

eines ein oder zwei Konfektionsgrößen kleineren Kleidungs-
stückes „versüßen" wollen ... (was erfahrungsgemäß nur
äußerst selten funktioniert).
– Zu guter Letzt: Führen Sie eine Statistik über Ihre Anrufe.
„Sammeln" Sie Ihre Erfolgserlebnisse. Diese Erfolgserlebnisse sind die ideale Basis für eine motivierende Vorbereitung auf die nächste Telefonaktion!

Dass wir Menschen uns sowohl positiv als auch negativ konditionieren können, zeigt sich immer wieder. Ein Beispiel aus meiner
Trainingspraxis macht deutlich, welche Dimensionen dies anneh-
men kann.

Beispiel

Vor einiger Zeit coachte ich die Verkaufsmannschaft eines
Swimmingpool-Vertriebszentrums. Als Termin für das Coaching hatten die Verantwortlichen den Spätherbst gewählt,
denn, so wörtlich, „da ist für uns eh Sauregurkenzeit!" Bereits
vor dem Training wiederholten die Teilnehmer mehrfach, dass
sie praktisch noch nie am Telefon einen Pool verkauft hätten –
und schon gar nicht im Winter. Schließlich kamen die Teilnehmer und ich allerdings zu der gemeinsamen Erkenntnis, dass es
sich bei der Annahme, dass Swimmingpools nur während der
warmen Jahreszeit verkauft werden können, um ein negatives
Glaubensmuster handelt, dem im Prinzip jede Grundlage fehlt.
In der Tat beschäftigen sich potenzielle Neu-Swimmingpool-
Interessenten sehr wohl auch während der kalten Jahreszeit mit
dem Gedanken an die Anschaffung eines (Außen-) Swimmingpools!
Im Rahmen des Trainings erarbeiteten wir deshalb für die Winterzeit geeignete Gesprächseinstiege – und schon wenige Tage
später war bereits der allererste (Außen-) Swimmingpool im
Winter verkauft!

Gut zu wissen: Manches von dem, was ich in diesem Buch darstelle oder als Übung empfehle, hat zunächst einmal scheinbar wenig mit dem Telefonieren zu tun. Es handelt sich sich um Grundlagen, die entscheidend dazu beitragen, noch erfolgreicher zu telefonieren. Deshalb mein Rat: Seien Sie offen und üben Sie – Sie werden sehr schnell feststellen, wie umfassend Sie davon profitieren!

Vorsicht: die 90-Prozent-Falle!

Bei der Umsetzung der gerade eben dargestellten sechs Tipps werden Sie sich vielleicht fragen, welche Priorität Sie den einzelnen Tipps einräumen sollen.

Meine Antwort darauf: Die ersten beiden Tipps haben höchste Priorität! Nachweislich erreichen viele Menschen nur deshalb wenig (oder nichts), weil sie sich nicht gründlich vorbereiten und anstehende Aufgaben nicht schriftlich planen. Fakt ist: 90 % der Menschen überlassen ihr Schicksal dem Zufall! Deshalb empfehle ich Ihnen: Tappen Sie nicht in diese 90-Prozent-Falle …

Daran sollten Sie denken: Planen Sie Ihre Aufgaben unbedingt schriftlich (Ziel- und Zeitplanung). Halten Sie möglichst genau fest, was Sie erreichen wollen, welche Wege Sie gehen möchten, um Ihr Ziel zu erreichen, und bis wann Sie das geschafft haben wollen.

Die Bedeutung von Tipp drei bis sechs für Ihre persönliche Erfolgsentwicklung hängt vor allem davon ab, wie tief Ihre Hemmschwellen, Blockaden oder negativen Glaubensmuster sitzen. Seien Sie deshalb in dieser Beziehung unbedingt ehrlich sich selbst gegenüber – auch wenn Sie zuerst erschrecken sollten über die Anzahl negativer Störfaktoren. Ein Trost: Je öfter Sie negative Störfaktoren überlisten, desto schneller verankern Sie Ihre positive(re), neue Einstellung.

Ihre Sprache (und Stimme) – ebenso mächtig wie unbewusst

Immer wieder erlebe ich in meinen Trainings, dass Teilnehmer über außerordentlich viel theoretisches Sprach- und Rhetorikwissen verfügen – dieses Wissen allerdings nicht einsetzen. Bei der Umsetzung (also bei den konkreten Übungen) hapert es trotz allen Wissens …

Logisch! Schließlich wird das Sprechen zu über 90 % von unserem Unterbewusstsein gesteuert. In meinen Trainings liegt es mir deshalb zunächst einmal besonders am Herzen, die Teilnehmer für die Sprache zu sensibilisieren und eine Art „Sprachbewusstsein" zu schaffen. Auf diese Weise kann es gelingen, konkrete Sprachmuster zu verändern.

Fakt ist: Die gravierendsten positiven Veränderungen erreichen die Menschen, die den festen Willen dazu haben und sich nach einem Theorietraining auch noch in einem Praxistraining on-the-job weiterhelfen lassen. Dieses Trainingskonzept sichert einen optimalen Lernprozess, weil damit der Transfer von der Theorie in die Praxis sichergestellt wird.

Meine persönliche Empfehlung: Falls Sie bei sich noch Optimierungsbedarf sehen, tun Sie sich einen großen Gefallen, wenn Sie sich über dieses Buch hinaus intensiv mit der praktischen Umsetzung beschäftigen. Denn das ist die optimale Basis für das erfolgreiche Telefonieren. Geeignete Übungen und Tipps für die Umsetzung enthalten unter anderem meine beiden anderen Bücher Telefonpower und Telefonsales.[1]

---

[1] Telefonsales: Erfolgsfaktoren für Verkauf und Akquise am Telefon, 5. Aufl., Offenbach 2011, und Telefonpower: Grundregeln für erfolgreiche Businesstelefonate, 5. Aufl., Offenbach 2011.

Menschen denken und sprechen unterschiedlich schnell

Kein Denk-/Sprechprozess gleicht dem anderen. Ein „Vielredner" beispielsweise hat einen schnelleren Denk-/Sprechprozess-Wert als ein „Schweiger". Der denkt und spricht deutlich langsamer. Der durchschnittliche Denk-/Sprechprozess-Wert beträgt 325 gedachte Wörter pro Minute, davon werden rund 100 ausgesprochen.

Auf manche Menschen wirkt ein langsam sprechender „Schweiger" wegen seiner reduzierten Sprechgeschwindigkeit wesentlich überlegter als ein „Vielredner". Von anderen wird der „Schweiger" dagegen – gerade am Telefon – als schwierig empfunden, weil man ihm scheinbar „jedes Wort aus der Nase ziehen muss".

Tendenziell reden Menschen am Telefon eher zu schnell, weshalb sie oft deutlich schwieriger zu verstehen sind. Oft starten Telefonate bereits mit einer zu schnell gesprochenen Begrüßung, wodurch der Andere es schwerer hat, den Namen seines Gesprächspartners zu verstehen. Dazu kommt: Menschen, die schnell (zu schnell?) sprechen, neigen dazu, sich häufiger zu versprechen als Menschen, die langsamer sprechen.

Von der Sprechgeschwindigkeit allerdings auf höhere oder niedrigere Intelligenz zu schließen, ist völlig falsch! Viel zu oft überinterpretieren wir Sprech- und Spracheigenheiten und machen uns einen völlig falschen Eindruck von einem Telefongesprächspartner …

Interpretationen am Telefon fallen meistens negativ aus

Es liegt wohl in der Natur des Menschen, dass wir uns von einem Gesprächspartner automatisch ein Bild machen, wenn wir ihn – wie beim Telefonieren – nicht persönlich sehen können. Das

heißt, wir hören eine Stimme und schließen daraus, wie der entsprechende Mensch aussieht und agiert. Und je öfter und länger
wir mit dem entsprechenden Gesprächspartner telefonieren, desto klarer wird dieses Bild.

Umso größer ist dann die Überraschung beim ersten direkten
Aufeinandertreffen, wenn dieses Bild mit dem wirklichen Menschen so gar nichts zu tun hat. Unsere Interpretationen oder Projektionen sind nämlich oft viel zu schmeichelhaft!

Bei der sogenannten „Projektion" übertragen wir nämlich
sehr häufig ein persönliches Wunschbild auf den Gesprächspartner. Bei der „Interpretation" verknüpfen wir die Ähnlichkeit des
Sprechverhaltens, der Klangfarbe oder des Tonfalls der Stimme
mit der einer uns bekannten Person und schließen daraus auf ein
bestimmtes Aussehen und/oder Verhalten.

Fällt die Projektion oder Interpretation zu Gunsten des konkreten Gesprächspartners aus, kann dies – wie dargestellt – zu
durchaus negativen Erlebnissen beim ersten persönlichen Kennenlernen führen. Schwieriger wird es, wenn die Projektion oder
Interpretation zu Ungunsten des Gegenübers ausfällt!

Typische Interpretationsfallen

Grundsätzlich gibt es logischerweise unendlich viele Möglichkeiten zur Interpretation des Verhaltens eines Gesprächspartners.
Leider neigen wir Menschen dazu, im Zweifelsfall die jeweils ne-
gativeren Varianten zu wählen. „Leider" deshalb, weil bestimmte
Verhaltensweisen oft völlig zu Unrecht negativ interpretiert werden.

Tatsache ist: Es gibt immer mindestens zwei Interpretations-
möglichkeiten für eine bestimmte Verhaltensweise – eine positive
und eine negative. Ich empfehle Ihnen im Zweifelsfall, sich immer
jeweils eher die positivere anzueignen, weil Sie dann wesentlich
unverkrampfter und positiver mit Ihrem Gesprächspartner um-

Tab. 2.1 Interpretationsfallen

Verhalten des Gesprächspartners am Telefon	Mögliches positives Denkmuster	Negative Interpretationsfalle
Schnell gesprochene Begrüßung	Neugieriger, interessierter Ansprechpartner, der schnell ans Telefon geht	Ansprechpartner hat keine Zeit
Hohes Sprechtempo	Ansprechpartner hat einen hohen Denk-/ Sprechprozess-Wert	Ansprechpartner hat keine Zeit
Einsilbige Antwort	Ansprechpartner bleibt beim Thema und antwortet überlegt	Schwieriger Gesprächspartner, hat kein Interesse
Tiefes Luftholen	Holt Luft, um abzuschalten und offen zu sein für das, was kommt	Schlechte Laune
PC-Tastatur ist zu hören	Gesprächspartner ist interessiert, macht sich Notizen zum Thema	Gesprächspartner ist abgelenkt, macht nebenbei etwas anderes und hört deshalb nicht richtig zu

gehen können. Und das führt wiederum meist zu deutlich positiveren Gesprächsergebnissen!

Tabelle 2.1 gibt eine kleine Übersicht über typische negative „Interpretationsfallen" – und alternativ dazu auch über mögliche positive Denkmuster.

Sie sehen: Zu jeder negativen Interpretationsmöglichkeit gibt es auch eine positive. Die negative erschwert Ihnen allerdings die Arbeit ungemein. Deshalb noch einmal meine Empfehlung: Halten Sie sich im Zweifelsfall eher an die positive. Dazu auch noch einmal folgende drei Tipps …

Drei Tipps, um negative Interpretationen zu vermeiden
1. Akzeptieren Sie, dass Ihre Meinung lediglich Ihre (also *eine*) Meinung ist. Ihre Wahrnehmung ist Ihre Konstruktion der Wirklichkeit und somit absolut keine Tatsachenfeststellung. Sie muss nicht zwangsläufig etwas mit der anderen realen Person zu tun haben. Ihr Gegenüber kann völlig anders „ticken", als Sie es sich zusammenreimen.
2. Gewöhnen Sie sich an – auch wenn es anfangs eine Herausforderung ist-, zunächst einmal immer von einer positiven Vorannahme auszugehen.
3. Entwickeln und bewahren Sie eine positive innere Haltung. Beeindrucken Sie Ihren Gesprächspartner durch charmante Hartnäckigkeit, Höflichkeit und spürbare Überzeugung.

Sich selbst (er)kennen – situative Selbstwahrnehmung

Um einen Gesprächspartner wirklich (er)kennen zu können, ist es wichtig, sich zunächst selbst zu (er)kennen. Das erfordert vor allem eine klare Abgrenzung und eine ausgeprägte Selbstwahrnehmung. Nur so lässt es sich vermeiden, von sich selbst auf den anderen zu schließen.

Selbst(er)kennung und -wahrnehmung sowie Differenzierung/ Abgrenzung vom anderen sind die Grundvoraussetzungen für empathisch und intuitiv geführte Telefongespräche. Für Sie als Viel- und Profitelefonierer bedeutet das, sich zunächst einmal selbst sehr gründlich zu „durchleuchten".

Dazu eignet sich folgender Test

1. Nehmen Sie sich ein paar Minuten Zeit und versuchen Sie, zur Ruhe zu kommen.
2. Setzen Sie sich bequem hin – am besten in einer angenehm-entspannten Umgebung.
3. Schließen Sie die Augen, um eine Reizüberflutung auszuschließen. So stellen Sie sicher, dass Sie wirklich nur sich selbst wahrnehmen.
4. Prüfen Sie Ihre Laune: Sind Sie gereizt, nervös, unsicher … oder so gut gelaunt, dass Sie andere mit Ihrer guten Laune anstecken können? Kurzum: Wie ist Ihre Stimmung?
5. Prüfen Sie Ihre Konstitution: Sind Sie ausgeschlafen und gesund … oder unausgeschlafen, hungrig, erkältet? Kurzum: Wie ist Ihr körperliches Befinden?
6. Hinterfragen Sie Ihre Gesamtsituation: Sind Sie glücklich, unglücklich, ausgeglichen, zufrieden oder unzufrieden mit sich und Ihrem Leben? Was antwortet Ihnen Ihre innere Stimme auf diese Fragen?
7. Vor dem Telefonat: Prüfen Sie Ihre Bereitschaft. Wie gut sind Sie vorbereitet? Wie ist Ihre Einstellung zu Gespräch und Gesprächspartner?

Sollten Sie zwei oder drei der Testfragen negativ beantworten müssen, überlegen Sie sich zunächst, ob Sie daran etwas ändern können – falls nicht, sollten Sie auf einen Anruf besser verzichten. Denn: Sind Sie selbst negativ „gestimmt", besteht die große Gefahr, den Gesprächspartner damit „anzustecken" – oft reicht dazu schon ein gereizter oder leidender Tonfall.

Einfühlsames Telefonieren

Wiederholt war auf den letzten Seiten vom sogenannten „empathischen" und „intuitiven" Telefonieren die Rede. Doch was bedeutet das eigentlich ganz konkret?

Aurelius Augustinus (354–430) hat einmal einen Satz geprägt, der das Prinzip der Empathie sehr schön beschreibt: „In dir muss brennen, was du in anderen entzünden willst." In Langenscheidts Fremdwörterbuch findet sich folgende Definition: „Empathie bedeutet Einfühlungsvermögen, die Fähigkeit, sich in Gefühle oder Einstellungen anderer Menschen hineinzuversetzen." „Schön und gut", werden Sie sich nun vielleicht denken, „doch Intuition und Empathie am Telefon – geht das denn überhaupt?" Ich antworte Ihnen darauf: „Ja, es kann funktionieren, vor allem, wenn …

- Sie sich Ihrer Sprache und Rhetorik bewusst sind und diese wirklich nutzen,
- Sie eine positive Grundeinstellung haben,
- Sie sich Ihrer selbst bewusst sind,
- Sie Interpretationen vermeiden,
- Sie Menschen mögen,
- Sie offen sind für neue Menschen und deren Ansichten,
- Sie sich für Ihre(n) Gesprächspartner wirklich interessieren
- und Sie die Fähigkeit des aktiven Zuhörens beherrschen.

Grundsätzlich geht es beim empathischen und intuitiven Telefonieren vor allem darum, Gespräche mit Einfühlungsvermögen zu führen und sich dabei ganz bewusst von Gefühlen leiten zu lassen. Wie das konkret funktionieren kann? Dazu gleich mehr …

„Stimmen" Sie Ihre Stimme!

3

Immer auf Sendung – die Stimme

Wenn wir telefonieren, kommunizieren wir bewusst und unbewusst zugleich. Der „Löwenanteil" der Kommunikation findet unbewusst statt. Sehr gering sind die Informationen, die wir über die von uns gezielt ausgewählten Worte bewusst vermitteln. Neben den bewusst oder unbewusst gesprochenen Worten hört unser Telefonpartner unsere Stimme. Wie wir etwas sagen, kommt ebenfalls beim Gegenüber an (selbst wenn das vielleicht gar nicht beabsichtigt ist!). Sympathie, Motivation, Glaubwürdigkeit, Unsicherheit, Arroganz, innerer oder äußerer Druck – all dies spiegelt sich in feinsten Stimmnuancen wider … Wer telefoniert, wirkt durch Sprachinhalte und – vor allem – durch seine Stimme. Leider sind die Aussagen dieser beiden „Kanäle" sind nicht unbedingt identisch.

Kongruenz sollte allerdings das Ziel sein – also eine im positiven Sinne übereinstimmende Aussage von Stimme und Sprachinhalten. Denn selbst höchste rhetorische Brillanz kann Diskongruenzen nicht ausgleichen. Mehr noch, sie zählt nicht einmal zu den entscheidenden Mitteln, um die ungeteilte Aufmerksamkeit des Gesprächspartners zu gewinnen. Fakt ist: Selbst bei nahezu perfekter Wortwahl ist der Partner am Telefon nur dann ganz Ohr, wenn die Stimme zu den Inhalten passt (und umgekehrt). Das enge Zusammenspiel zwischen Sprachinhalten und Stimme

C. Fischer, *Maximale Kundennähe am Telefon*,
DOI 10.1007/978-3-658-02986-9_3,
© Springer Fachmedien Wiesbaden 2013

beim Telefonieren gleicht dem zwischen Körpersprache und gesprochener Sprache.

Und dabei gilt: „Der Körper lügt nicht", wie der bekannte Körpersprachenexperte und Pantomime Samy Molcho betont. Der Kommunikationsforscher Paul Watzlawick verdichtete diesen Ansatz sogar zur provokanten These: „Man kann nicht nicht kommunizieren."

Beispiel

An einem meiner Trainings nahm einmal eine motivierte, energisch wirkende Teilnehmerin teil, die zuvor schon mehrere Telefonseminare anderer Anbieter „durchlaufen" hatte. Gerade bei Neukundenkontakten hatte sie allerdings trotz – oder vielleicht gerade wegen – ihres umfassenden Wissens immer wieder massive Schwierigkeiten.

Im Einzelcoaching stellte sich heraus, dass ihr Problem darin bestand, dass sie gerade bei Neukunden „nett" und sympathisch „rüberkommen" wollte und dies über ihre Stimme nun besonders ausdrücken wollte. Das übertrieben „Nette" bewirkte, dass sie von ihren Gesprächspartnern als nicht authentisch empfunden wurde. Auf mich wirkte ihre Stimme zudem wenig kompetent, ich wünschte mir neben mehr Natürlichkeit auch mehr „Augenhöhe". Die Tatsache, dass sie mit bestehenden Kunden bestens klar kam und die Beobachtung ihres unnatürlichen Verhaltens in der Kaltakquisephase bestätigte zudem, dass die Kunden auf die Diskongruenz negativ reagierten. Im Coaching lösten wir die Problematik. Die Dame übte und lernte auch in Neukundengesprächen authentisch, kompetent und überzeugend zu sein.

Tatsache ist, dass wir immer über mehrere Kanäle miteinander kommunizieren. Ganz egal, ob wir uns nun persönlich gegenüberstehen (und neben dem konkret Gesagten unter anderem auch durch Mimik oder Gestik wirken) oder ob wir miteinander telefonieren (und durch Sprache und Stimme Informationen untereinander austauschen).

Bei einem Telefongespräch nehmen die Gesprächspartner neben den gesprochenen Worten immer auch Stimme, Klangfarbe, Lautstärke und die jeweilige Intonation des entsprechenden Gegenübers sehr genau auf – und verknüpfen diese Eindrücke unbewusst mit den Inhalten.

Binnen Sekunden entscheiden wir uns, wie sympathisch oder interessant wir den jeweiligen Anrufer finden. Im Kopf entsteht ein spontanes Bild des Gegenübers. Interessant dabei: Trotz unterschiedlicher Reaktionsstärke von Männern und Frauen entwickeln wir alle diese Entscheidung fast ausschließlich aus dem Bauch heraus.

Entscheidend: Das *Wie* prägt den Eindruck im Kopf des Kunden

Das Wie (und gar nicht so sehr das Was) steht also auch und gerade beim Kontakt mit dem Kunden am Telefon im Vordergrund: Das gehörte Wie trägt mit 87 % zum Eindruck am Telefon bei. Worte, Tonfall und Timbre entscheiden darüber, wie Sie von Ihrem Gesprächspartner wahrgenommen werden. Denn über Stimme und Sprache sind selbst kleinste Gefühlsnuancen und damit Stimmungsschwankungen hörbar.

Das hat Folgen! Denn Ihr Ansprechpartner trifft in kürzester Zeit die Entscheidung, ob Sie (und damit Ihr Unternehmen, das Sie am Telefon repräsentieren) ihm oder ihr sympathisch, glaubwürdig, ehrlich, zuverlässig, flexibel und/oder einfühlsam erscheinen. Der Gesprächspartner „spürt" sofort über die unbewusst vermittelten Zusatzsignale: „Will mir jemand nur ‚Honig ums Maul schmieren' oder ist mein Partner an einem ernsthaften Informationsaustausch interessiert? Ist dem Anrufer der eigene Profit wichtiger als ein zielgerichtetes Miteinander?"

Die fachliche Kompetenz wird gerade bei einem geschäftlichen Telefonat einfach vorausgesetzt. Deshalb entscheidet der sachliche Inhalt des Gesprächs über den Gesamteindruck am Telefon, also z. B. über Kompetenz und Qualität, auch nur zu 13 %. Viel bedeutsamer sind Stimme und Intonation!

Nur: Was zeichnet eine „gute" Stimme denn überhaupt aus?

Für den Erfolg im charmanten Kampf um die Aufmerksamkeit des Gesprächspartners sind viele Faktoren der Stimme wichtig: Komponenten wie Tonhöhe, Klangfarbe, Modulation, Rhythmus, Satzmelodie, Volumen und Lautstärke wirken immer gemeinsam, nie als Einzelfaktoren. Alle zusammen machen den Sympathiefaktor der Stimme aus und entscheiden darüber, ob der (potenzielle) Kunde am anderen Ende der Leitung weiter zuhören wird – oder das Gespräch vorzeitig beendet.

Die ungeteilte Aufmerksamkeit des Gegenübers zu gewinnen, ist beim Telefonieren noch wesentlich wichtiger als beim persönlichen Kontakt. Schließlich fehlt beim Telefonieren die unterstützende Wirkung der Körpersprache völlig, weshalb die Inhalte wesentlich schwieriger zu verstehen sind. Gerade bei eher visuell geprägten Menschen wird dieser Effekt immer wieder zur ganz besonderen Herausforderung.

Mögen Sie Ihre Stimme?

Für fast alle Menschen ist das erste „Hörerlebnis" der eigenen Stimme ein regelrechter Schock. Ob auf Tonband oder Video … völlig entsetzt über die Art und Weise, wie sich die eigene Stimme anhört, bitten wir bei der ersten derartigen „Rückkopplung" meist andere um ihre Einschätzung. „Ist meine Stimme nicht grauenvoll?" oder „Findest du meine Stimme nicht entsetzlich?" lauten die üblichen Fragen in solchen Situationen. Und auch die typischen Antworten „Wieso? So sprichst du doch immer…" können den Schock nicht mildern. Im Gegenteil: Fast immer sind wir entsetzt, wenn wir unsere Stimme das erste Mal bewusst hören. Und der Frust über diesen Klangeindruck sitzt oft tief.

Stimmfrust? Das lässt sich ändern …

Gut möglich, dass Sie Ihre Stimme selbst anders wahrnehmen als Ihre Zuhörer. Vielleicht sprechen Sie ja statt in Ihrem Normalsprechtonbereich, der sogenannten Indifferenzlage, in einer deutlich höheren oder tieferen Stimmlage. Und schon hört sich das Ganze für Sie recht eigenartig an.

Eine sympathische Stimme wird einem jedenfalls nicht in die Wiege gelegt, und kaum eine Stimme bleibt ein Leben lang gleich. Die Stimme wächst, sie verändert sich im Laufe des Lebens. Intensive Eindrücke, Stimmungen, Erlebtes – alles kann mit kurz- bis langfristiger Wirkung die Stimme verändern, ihr eine neue Prägung verleihen.

In meinen Kursen ist immer wieder „hörbar", dass nur die wenigsten Menschen in der ihnen eigenen Stimmlage, der Indifferenzlage, sprechen. Die meisten reden höher oder tiefer (was sich dann für einen selbst eben recht „ungewöhnlich" anhört). Dazu kommen Schwankungen des Stimmbildes durch Nervosität, Anspannung, Hemmschwellenängste oder andere Einflüsse, die sich negativ auf die Gesamtwirkung der Stimme auswirken.

Die gute Nachricht: Ihre Stimme ist aktiv und (indirekt) trainierbar

Mit anderen Worten: Jeder Mensch kann seine Stimme beeinflussen. Schauspieler und Sänger wissen das. Doch im Business-Leben ist die Stimme für viele schlicht kein Thema, obwohl sie einen überaus wichtigen Teil zur Ausstrahlung beiträgt. Die Stimme ist unverzichtbar für Fähigkeiten wie Überzeugungskraft und effiziente Kommunikation. Andere begeistern und motivieren kann jedenfalls nur, wer seine Stimme optimal einsetzt. Selbst die spannendsten Inhalte verpuffen wirkungslos, wenn sie nicht gekonnt übermittelt werden.

Lächeln verbindet! Lächeln kann Menschen einander näher bringen, denn beim Telefonieren können „die Ohren sehen". Wir hören (sehen förmlich), ob unser Gegenüber am Telefon lächelt. Egal, ob es sich dabei um eine bekannte oder unbekannte Person handelt, egal, ob Mann oder Frau: Wir hören und spüren, ob ein Lächeln ehrlich gemeint ist. Wirkt es aufgesetzt, ist es unglaubwürdig. Ein Kunde kann im Telefonat sehr wohl unterscheiden, ob das Lächeln ihm gilt oder lediglich eine aufgesetzte Fassade darstellt. Ein aufgesetztes Lächeln oder Grinsen baut keine Beziehung auf, es bleibt beim Sender. Ehrliches Lächeln, echte Gefühle überbrücken die Distanz zum Gegenüber, verringern die Anonymität, schaffen Nähe und bauen eine Beziehung auf. Es lädt ein, offen miteinander umzugehen. Wir fühlen uns ernst genommen, verstanden, fühlen uns wohl.

▶ **Wichtig zu wissen** Beim Lächeln verhält es sich ähnlich wie bei der persönlichen Anrede. Die Dosis macht das Gift. Werden Lächeln oder persönliche Anrede inflationär verwendet, wirken Sie zumindest unehrlich. Richtig dosiert stärkt beides die Beziehung. Eine der besten Möglichkeiten, die Stimme positiv zu beeinflussen, bietet das Lächeln. Denn:

Lächeln gewinnt, macht gute Laune und steigert den IQ

Lächeln ist eine hervorragende Vorbereitung für den Start in den Tag. In vielen asiatischen Unternehmen wird morgens erst einmal gelächelt. Sie finden das absurd? Zu Unrecht! Lächeln erzeugt ein

Bodyfeedback (es führt also unter anderem zur Ausschüttung sogenannter Glückshormone, die wiederum den Körper und damit auch die Stimme beeinflussen). Und Bodyfeedback wirkt! Dies wurde erst kürzlich von einer namhaften Universität in einer umfassenden Studie nachgewiesen.

Deshalb sollten Sie, allein schon der Stimme wegen, regelmäßig lächeln. Und falls Ihnen nicht unbedingt danach ist, können Sie es ja einfach folgendermaßen in Ihren Tagesablauf integrieren …

Ihre Lächelübung

Starten Sie den Tag mit 60 s Lächeln vor dem Spiegel. Auch wenn sich anfangs Ihr „innerer Schweinehund" dagegen sträubt: Zwingen Sie sich dazu und halten Sie durch! Schon nach den ersten 30 s wird es einfacher. Und je öfter Sie morgens Ihr Spiegelbild anlächeln, desto leichter fällt es Ihnen. Ihr Vorteil ist unbezahlbar: Sie starten mit bester Laune in den Tag – und das hört man (und Frau)!

Lächeln ist also sehr, sehr gut für Ihre Stimme. Aber Sie können noch wesentlich mehr für Ihre Stimme tun. Zum Beispiel, indem Sie regelmäßig folgende Übungen absolvieren.

Stimmübungen – gewusst wie!

So bekommen Sie Ihre Stimme in die Indifferenzlage

Mit Hilfe eines sogenannten Resonanztons lässt sich die aktuelle Sprechstimme in die Indifferenzlage, also in die individuell natürliche Lage bringen. Probieren Sie es einfach aus! Was Sie dazu brauchen, ist eine entspannte Körperhaltung und Ihr Lieblingsessen. Letzteres allerdings nicht in der Realität, sondern „nur" vor Ihrem geistigen Auge.

Stellen Sie sich also bitte Ihr Lieblingsessen vor (und schreiben Sie es auch gleich auf ein Blatt Papier, damit Sie es für künftige Übungen stets parat haben). Notieren Sie das komplette Gericht und das Ambiente, in dem Sie am liebsten speisen. Nun denken Sie sich bitte in die konkrete Situation hinein ....

Übung: Sie haben Hunger. Es riecht gut. Sieht gut aus. Ihnen läuft das Wasser im Mund zusammen. Sie fangen an zu essen. Es schmeckt fantastisch. Und weil es so besonders gut schmeckt, kommt Ihnen ein genießerischer Wohllaut über die Lippen. „Mmhhh" sagen Sie. Dieses „Mmhhh" wiederholen Sie bitte mehrmals. Dann sprechen Sie einen kurzen Satz – z. B. Ihre übliche Telefonbegrüßung „Guten Tag, Herr Kunde, mein Name ist < Vorname >, < Nachname > von < Firmenname >", ganz so, als ob Sie tatsächlich telefonieren würden.

Wenn Sie die Übung richtig machen, kommt Ihre Stimme nach entsprechend häufigen Wiederholungen automatisch in ihren Normalsprechtonbereich, die Indifferenzlage. Das ist die Stimmlage, in der Ihre Sprechstimme wirklich „zuhause" ist.

So reduzieren Sie eine zu hohe Sprechgeschwindigkeit

Viele Menschen neigen dazu, am Telefon schneller zu sprechen als im persönlichen Gespräch. Wenn sich Nervosität einschleicht, sprechen sie meistens sogar noch ein bisschen schneller – unbewusst. Kein Wunder also, dass dies beim Gegenüber nur schlecht ankommt (und kaum verstanden wird). Die Formel für wirkungsvolles Telefonieren heißt deshalb: Langsamer sprechen bringt dem Gegenüber schnelleres Verstehen.

Wenn Sie zu den Schnellsprechern gehören, sollten Sie nicht länger schnell sprechen, sondern rasch an der Beseitigung dieser Untugend arbeiten. Dringend! Besonders dann, wenn Sie am Telefon viel mit Ihnen unbekannten Menschen zu tun haben. Denn diese bringen – im Gegensatz zu Ihnen bekannten Gesprächspart-

nern – garantiert nicht die Geduld auf, immer wieder nachzufra-
gen, was Sie mit Ihrem überhastet hingenuschelten Satz konkret
ausdrücken wollten! Deshalb mein Rat: Immer mit der Ruhe!

Damit Sie überhaupt ein Gefühl für Ihr Sprechtempo bekommen, ist zunächst einmal das Lesen hilfreich. Lesen Sie sich also
laut vor: aus der Zeitung, einem Buch oder Magazin. Das erscheint Ihnen anfangs, vor allem, wenn Sie eigentlich nicht gerne lesen, möglicherweise seltsam. Doch damit haben Sie bereits
einen entscheidenden Schritt nach vorne gemacht: Sie optimieren
Ihre Sensibilität für das Gesprochene – bzw. in diesem Fall für das
Gelesene.

Sprechen Sie beim Vorlesen bewusst deutlich. Betonen Sie jedes Detail. Erfolgreich sind Sie mit dieser Übung, wenn andere
Ihnen gerne beim Vortragen zuhören – und auch verstehen, worum es geht.

So sprechen Sie deutlicher

Falls Sie zu den Menschen gehören, die beim Reden durch die
Zähne sprechen, ohne groß die Lippen zu bewegen, sollten Sie
folgenden Tipp befolgen:

- Wählen Sie einen kurzen Text von der Länge etwa einer viertel
  DIN-A4-Seite, den Sie laut vorlesen.
- Nehmen Sie nun einen schönen Naturkorken. Beißen Sie darauf.
- Mit dem Korken zwischen den Zähnen sprechen Sie jetzt den
  Text noch einmal. Verständlichkeit erreichen Sie mit dem Korken zwischen den Zähnen nur noch durch absolut exakte Betonungen und durch die ausgeprägte Bewegung der Lippen. So
  schulen Sie Ihre Aussprache sehr gezielt.
- Üben Sie regelmäßig. Am besten täglich, und zwar immer mit
  dem gleichen Text. Erst wenn dieser für Zuhörer richtig gut

verständlich geworden ist, wählen Sie einen neuen und verfahren mit diesem ganz genauso.

Hörbare, positive Veränderungen

Menschen, die mit geeigneten Übungen an ihrer Stimme arbeiten, bemerken mit der Zeit einige Veränderungen. Sie sicher auch. Doch Ihre Umgebung merkt oft noch viel eher, dass sich da „etwas tut".

Deshalb mein Tipp: Bitten Sie Kollegen, Freunde oder Verwandte nach einigen Wochen regelmäßigen, täglichen Übens gezielt um ihr Feedback. Zuhörer bemerken erste Unterschiede oft wesentlich schneller als Sie selbst. Und können den Übenden (also Sie) durch ihr positives Feedback in seinem Bemühen gezielt unterstützen. Bei vielen klingt die Stimme dann gleich noch überzeugender, sympathischer und ausgeglichener, oftmals sogar weicher und bei vielen Frauen auch ein bisschen tiefer. Kurzum: Oft wird der Weg zur Indifferenzlage auf diese Weise wesentlich verkürzt!

Und über das Sprechen in der Indifferenzlage ist es oft nur noch ein kleiner Schritt zum Sprechen im sogenannten Bogensatz.

Vom Girlanden- zum Bogensatz

Girlandensatz? Bogensatz? Keine Angst! Mit Hilfe eines Stimmbildes lässt sich der Unterschied zwischen diesen beiden Satztypen sehr gut verdeutlichen.

Aber zunächst einmal brauchen wir dafür ein passendes „Textbeispiel": Erinnern Sie sich deshalb bitte einfach an Ihren letzten Flug. Zumindest auf Kurzstreckenflügen werden Begrüßungs- und Verabschiedungsansagen immer noch vorwiegend live gesprochen. Und die machen (meist) deutlich, worum es konkret geht …

„Hier spricht Ihr Flugkapitän. Mein Name ist < Vorname >, < Nachname >. Wir durchfliegen eine Schlechtwetterfront. Bitte schnallen Sie sich zu Ihrer eigenen Sicherheit an."

Fest, bestimmt und ruhig, fast sonor ertönt die Stimme des verantwortlichen Piloten über die Lautsprecher und zwar in Form eines Bogensatzes (der durchaus aus mehreren Teilsätzen bestehen darf). Keine säuselnde, an- und abschwellende Ansage der langbeinigen Stewardess mit den blonden Haaren, die die scheinbar endlosen Sicherheitshinweise mal etwas höher, dann wieder tiefer meistens in Form eines Girlandensatzes spricht.

Fluggesellschaften wissen, dass eine männliche, kräftige Stimme, die nicht zu hoch in der Stimmlage sein darf, Seriosität vermittelt. Sogar mehr als das: Sie vermittelt Vertrauen und Sicherheit. Sofort ist das „Klick-Klick" der Gurte zu hören. Jeder handelt – und zwar unabhängig davon, ob er Flugangst hat oder nicht. Die Stimme des Flugkapitäns soll Kompetenz vermitteln, die der Stewardess hingegen Servicequalität.

Der Girlandensatz zeichnet sich durch Schwankungen in der Tonlage und durch Bandwurmsätze aus. Wer Girlandensätze benutzt, spricht oft schnell. Ohne Punkt und Komma. Das ist tödlich für Telefongespräche. Denn wer am Telefon Girlandensätze spricht, bringt seinen Gesprächspartner zum „Abschalten". Garantiert!

Visualisiert können Sie sich den Girlandensatz so vorstellen (Abb. 3.1):

Die Stimme geht rauf und runter, tanzt auf und ab. Sätze werden ohne Punkt und Komma gesprochen. Oft ist die Tonlage zu Ende des Satzes sogar höher als zu Beginn, was uns als Zuhörer extrem verwirrt. Denn üblicherweise sind wir es gewohnt, dass sich die Stimme nur dann anhebt, wenn eine Frage gestellt wird. Tut sie das, ohne dass eine Frage gestellt wird – sondern stattdessen in einem Aussagesatz, zum Beispiel der Begrüßung –, werden Zuhörer davon abgestoßen. Besonders kontraproduktiv ist dieses Stimmbild bei Telefonaten, die Sympathie, Kompetenz und Überzeugungskraft vermitteln sollen.

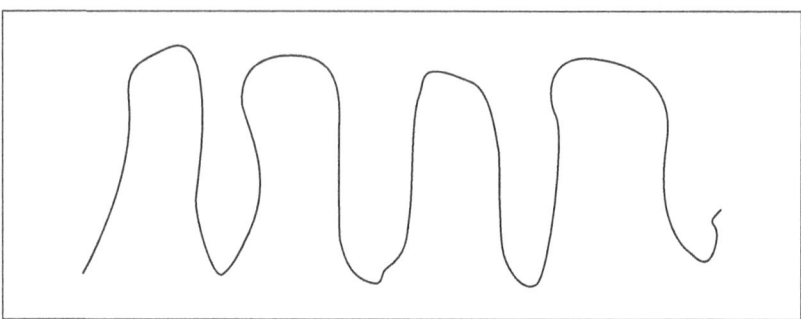

Abb. 3.1 Girlandensatz

Die Nachteile des Girlandensatzes im Überblick:

• Zuhörer schalten ab.
• Zuhörer vermuten beim Gegenüber Unsicherheiten (bedingt durch die Höhen in der Stimmlage).
• Die Länge des Bandwurmsatzes macht den Satz schwer verständlich bis unverständlich.

Dazu der Bogensatz im Vergleich (Abb. 3.2):
Die Vorteile des Bogensatzes im Überblick:

• Der Bogensatz weckt die Aufmerksamkeit des Zuhörers.
• Die Stimme klingt sympathischer, überzeugter vom Inhalt und überzeugender.
• Stimme und Sprache signalisieren Kompetenz.
• Durch die kurzen Sätze ist der Gesamttext sehr leicht bis leicht verständlich.

Weniger ist mehr: Achten Sie auf die Satzlänge

Völlig logisch: Kurze Sätze sind wesentlich leichter zu sprechen als lange. Zwischendurch Luft holen erübrigt sich, da der Atem

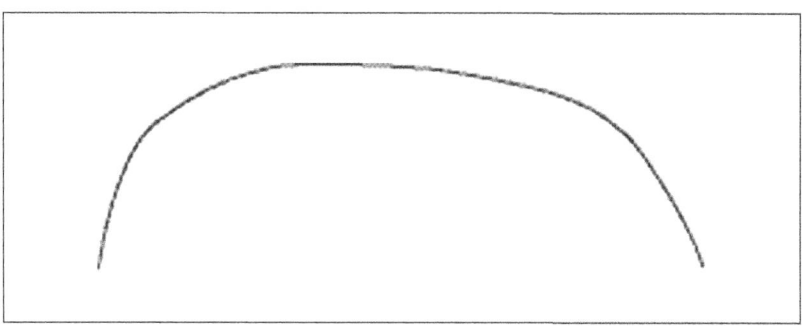

Abb. 3.2 Bogensatz

für einen kurzen Satz meist ausreicht. Umgekehrt gilt außerdem, dass kurze Sätze – wie in geschriebener Form – auch gesprochen wesentlich leichter zu verstehen sind. Zur Verständlichkeit von geschriebenen Sätzen existiert folgende Klassifizierung, die sich auch auf gesprochene Sätze übertragen lässt:

1 bis 13 Wörter:	sehr leicht verständlich
14 bis 19 Wörter:	leicht verständlich
20 bis 25 Wörter:	verständlich
26 bis 34 Wörter:	sehr schwer verständlich
über 35 Wörter:	unverständlich

Das richtige Wort zum richtigen Zeitpunkt oder: Wie Sie sich durch rhetorische Pausen Aufmerksamkeit sichern und noch überzeugender wirken …

Zum Reden gehört immer auch das Schweigen. Doch Schweigen beim Telefonieren zu ertragen oder rhetorische Pausen sinnvoll einzusetzen, ist für viele schwierig. Sie fühlen sich unsicher. Und beginnen zu sprechen, obwohl Schweigen vielleicht genau richtig wäre …

Falls auch Sie zu den Menschen gehören, denen das Schweigen am Telefon schwer fällt, sollten Sie sich vor Augen (oder besser: vor Ohren) führen, dass Stille nicht immer das bedeutet, was Sie sich im ersten Moment darunter vorstellen …

Wenn Ihr Gesprächspartner auf eine Ihrer Fragen nicht sofort antwortet, sondern zunächst schweigt, kann das nämlich alles Mögliche bedeuten. Es wäre zum Beispiel denkbar, dass er die Frage nicht verstanden hat oder dass er sie nicht beantworten möchte. Zumindest sind das die gängigen Interpretationen, wenn Sie dazu neigen, durch Schweigen verunsichert zu werden. Treffen Sie diese oder ähnlich negative Vorannahmen, haben Sie es im Telefonat schwerer, weil diese Sie beeinflussen.

Denn stattdessen ist allerdings genauso gut möglich, dass sich Ihr Gesprächspartner – angeregt durch eine offene, motivierende Fragestellung – einfach Zeit nimmt zum Nachdenken, bevor er antwortet. Oder möglicherweise grundsätzlich dazu neigt, seine Antwort hinauszuzögern, um ihr mehr Gewicht zu verleihen. Gehen Sie von einer positiven Vorannahme aus, bleiben Sie offener und haben es leichter.

Deshalb mein Tipp: Gehen Sie lockerer mit Schweigen am Telefon um. Bleiben Sie entspannt(er), wenn Ihr Gesprächspartner schweigt – und setzen Sie selbst ganz bewusst auch immer wieder Pausen als nonverbales Kommunikationsinstrument bei Telefongesprächen ein …

Erhöhen Sie den Redeanteil Ihrer Kunden

Setzen Sie rhetorische Pausen. Zum Beispiel, um einzelne Sätze stärker und überzeugender wirken zu lassen! Eine rhetorische Pause dauert ein Fünftel einer Sekunde. Setzten Sie rhetorische Pausen ein, wenn Sie möchten, dass Ihr Gesprächspartner bei wichtigen Informationen besonders aufmerksam zuhören soll. Schweigen Sie, wenn Sie eine offene Frage gestellt haben, selbst wenn die Antwort vielleicht ein wenig auf sich warten lässt. Sparen Sie sich vor allem so unsinnige und unnötige Fragen wie „Sind Sie noch da?"

Nehmen Sie sich vor allem auch selbst Zeit, bevor Sie Fragen Ihres Gegenübers beantworten! Gerade in Vertriebstelefonaten zeigt sich immer wieder, dass der Redeanteil des Verkäufers oft viel zu hoch ist. Der Gesprächsanteil des Vertriebsmitarbeiters beträgt in den meisten Telefonaten 75 zu 25 % (Gesprächsanteil des Kunden)!

Ein wirklich gutes Vertriebsgespräch führen Sie dann, wenn Sie Ihren eigenen Redeanteil zu Gunsten Ihres Kunden reduzieren und deutlich mehr zuhören, was Ihr Gegenüber sagt (statt dauernd selbst zu sprechen). So untermauern Sie Ihr Interesse, dokumentieren zugleich Ihre professionelle Vorbereitung auf das Gespräch und steigern dadurch Ihren Sympathiefaktor.

Gleichzeitig übernehmen und behalten Sie selbstverständlich die Zügel für eine zielorientierte und zugleich sympathische Gesprächsführung in der Hand.

Beispiel

Vor einiger Zeit trainierte ich ein Dienstleistungsunternehmen, das seine Leistungen zu einem recht hohen Prozentsatz über das Telefon verkauft. Die Vertriebsmannschaft dieses Unternehmens war zum Zeitpunkt des Trainings bereits durchweg hervorragend ausgebildet und insgesamt sehr erfolgreich. Einer der Mitarbeiter hatte allerdings immer wieder Probleme, die in ihn gesteckten Umsatzerwartungen zu erfüllen – und nach einem kurzen On-the-job-Training war mir auch klar, woran das lag. Der Redeanteil meines Teilnehmers war bei allen Telefonaten zu hoch. Gerade introvertierte Ansprechpartner fühlten sich überfahren. Sie hatten zu wenig Zeit, sich im Telefonat zu äußern, die Argumente aufzunehmen und sich für das Angebot zu entscheiden. Ich riet ihm, sein Gesprächstempo zu kalibrieren, sich also auf den anderen einzustellen. Der Erfolg

gab mir Recht! Innerhalb kürzester Zeit gelang es dem Telefonverkäufer, seine Abschlussquoten deutlich zu erhöhen.

Profi-Checkliste für den richtigen Ton beim Kundengespräch

1. Machen Sie sich klar, dass die Stimme Ihre Überzeugungskraft und die Effizienz Ihrer Kommunikation
   bestimmt. Nur mit der Stimme können Sie andere
   begeistern und motivieren.
2. Vermeiden Sie auf jeden Fall Eintönigkeit. Nutzen Sie
   deshalb die ganze Bandbreite der Variationsmöglichkeiten wie Lautstärke und Betonung. Trainieren Sie
   regelmäßig den gezielten Einsatz dieser Elemente – und
   zwar mehrerer Elemente zugleich, zum Beispiel das
   Betonen wichtiger Satzteile bei gleichzeitigem Senken
   der Stimme.
3. Lernen Sie mit angemessener Geschwindigkeit und
   Betonung zu sprechen. Lesen Sie regelmäßig laut vor,
   beispielsweise eine Seite aus einem Magazin oder einem
   Buch. Üben Sie sowohl Ihre Modulation als auch gezieltes, lautes Sprechen – und zwar ohne die Tonlage dabei
   anzuheben.
4. Kalibrieren Sie, passen Sie Ihre Redegewohnheiten denen Ihres Telefonpartners an. Haben Sie einen
   Schnell- oder Langsamredner am Telefon? Passen Sie
   sich an. Spricht Ihr Gegenüber sehr leise? Dann antworten Sie immer eine Spur lauter, um Ihre Selbstsicherheit
   zu unterstreichen. Auf eine sehr laute Stimme sollten
   Sie dagegen etwas leiser antworten, um den Pegel der
   Aufmerksamkeit anzuheben.
5. Bringen Sie durch Stimmübungen Ihre Sprechstimme
   in die Indifferenzlage, also in ihre individuelle natürliche Lage. Nutzen Sie den Resonanzton für Sprechübun-

gen von kurzen Sätzen (zum Beispiel die Begrüßung) im sogenannten Bogensatz.

6. Sprechen Sie in kurzen, verständlichen Sätzen.

7. Halten Sie stets die richtige Balance zwischen Sprechen und Zuhören – und bauen Sie auch produktive Pausen in Ihre eigene Rede ein. Spricht Ihr Gegenüber unaufhörlich, dann haken Sie z. B. mit der persönlichen Anrede ein, während er Luft holt.

8. Nutzen Sie das sogenannte Bodyfeedback. Lächeln Sie am Telefon! Am besten schon vor dem Gespräch. Zwar kann Sie Ihr Gesprächspartner nicht sehen, aber er spürt Ihr Lächeln. Lächeln entspannt die Muskeln und lässt Sie automatisch freundlicher und sicherer wirken.

Zu guter Letzt: Vermeiden Sie Räuspern. Räuspern ist Gift für die Stimme. Wenn Sie viel telefonieren, denken Sie daran, entsprechend viel Flüssigkeit zu sich zu nehmen. Wenn Sie einen „Frosch" im Hals haben, husten Sie (bei stumm geschaltetem Mikrophon) oder schlucken Sie, statt sich am Telefon zu räuspern.

Mehr Kraft, Spaß und Erfolg durch typgerechtes Agieren (und Telefonieren)

Es liegt mir in diesem Kapitel sehr am Herzen, Ihnen ein Erfolg versprechendes Konzept vorzustellen, mit dem ich in meinen Telefontrainings und Trainings-on-the-job in den vergangenen Jahren sehr gute Erfahrungen gemacht habe – ein Konzept, das Ihnen möglicherweise neu ist, nach dessen Erkenntnissen Sie aber wesentlich besser, da typgerecht, telefonieren werden. Terlusollogie heißt die Lehre, die trotz ausgezeichneter Erfahrungen in den vergangenen 40 Jahren noch relativ wenig verbreitet ist.

Terlusollogie

Die Terlusollogie (terra = Erde, luna = Mond, sol = Sonne, -logie = Lehre) setzt sich mit den gegensätzlichen und natürlichen Einflüssen, die Sonne und Mond auf den Menschen haben, auseinander. Einflüsse, die unser tägliches Leben genauso beeinflussen wie unseren Charakter. Die Terlusollogie ist kein wissenschaftlich fundiertes oder nachgewiesenes Konzept, sondern eine Lehre, die sich auf langjährig, empirische Erfahrungen stützt. Die Terlusollogie wurde allerdings durchaus bereits an verschiedenen Hochschulen

C. Fischer, *Maximale Kundennähe am Telefon*,
DOI 10.1007/978-3-658-02986-9_4,
© Springer Fachmedien Wiesbaden 2013

gelehrt. Entwickelt wurde die Terlusollogie von Erich Wilk, einem Musiker, während seiner Kriegsgefangenschaft in der Sahara. Die Ärzte Dr. Charlotte und Christian Hagena haben die Lehre der gegensätzlichen Einflüsse von Sonne und Mond dann weiter vorangetrieben und ihre nutz- und heilbringende Wirkung unter anderem auch im medizinischen Bereich eingesetzt.[1] Auch in der Gesangsausbildung und Sprecherziehung sind die Gedanken der Terlusollogie inzwischen weit verbreitet.

Kernpunkt der Lehre der gegensätzlichen Einflüsse von Sonne und Mond ist die Atmung. Die Terlusollogie unterscheidet nämlich zunächst einmal zwei polare Atemtypen – den Einatmertyp (lunarer Typ) und den Ausatmertyp (solarer Typ).

Wichtig dabei: der Moment, in dem das Atemzentrum im Gehirn erstmalig aktiv wird. Dieser Zeitpunkt entscheidet nämlich darüber, ob wir das weitere Leben als Ausatmer- oder Einatmertyp verbringen. Wer weiß, welchem Atemtyp er zuzuordnen ist, welche äußeren Einflüsse bei der Geburt stärker waren, kann aus den Erfahrungswerten der Terlusollogie Kapital schlagen – auch und gerade beim Telefonieren. Denn: Der Atemtyp beeinflusst unseren Alltag in all seinen Facetten. Er bestimmt Körperhaltung, Sitzen, Stehen, Flüssigkeitszufuhr, die Wahl des Telefonohrs, selbst die Anordnung von Stiften und Papieren auf dem Schreibtisch.

Und das kann sowohl typgerecht unterstützend, aber auch typwidrig erschwerend wirken. Wer sich typwidrig verhält, verbraucht viel Energie, typgerechtes Verhalten spart dagegen lebenswichtige Energie.

---

[1] Christian Hagena: Terlusollogie: Durch typgerechtes Atmen zu mehr Körpergefühl und Gesundheit, Stuttgart 2003; Christian Hagena: Terlusollogie: Atmen nach Mond und Sonne, Stuttgart 2013.

Zusammen mit Christian Hagena, der mich in der Terlusollogie ausgebildet hat und in meiner Arbeit unterstützt, möchte ich Ihnen deshalb die für Sie als Telefonprofi wichtigen Erkenntnisse der Terlusollogie auf den folgenden Seiten näherbringen. Sie werden überrascht sein, wie stark die Atmung unser Leben bestimmt. Und zwar nicht nur, weil wir mit ihr die lebenswichtige Zufuhr von Sauerstoff sicherstellen!

Die Art der Atmung ist von zentraler Bedeutung

Wer Körper und Geist in einen harmonischen Einklang bringen will, tut gut daran, sich so „typgerecht" wie möglich zu verhalten. Wer zu viel gegen seinen Atemtyp handelt, schöpft sein Energiekonto über die Maßen aus, was teilweise sogar bis zur Einschränkung der Leistungsfähigkeit führen kann.

Die Terlusollogie ist eine ausgezeichnete Unterstützung und Bereicherung für das Telefonieren. Denn wer sich durch Sprache und Stimme ausdrückt, braucht Atmung. Und mit der Terlusollogie schließt sich der Kreis aus Atmung und Aktion.

Unglaublich? Überlegen Sie doch nur einmal ...

Jeder hat schon einmal unbewusst die Erfahrung gemacht, dass eine falsche Körperhaltung die Stimme beeinflussen kann, ganz einfach, weil die Atmung erschwert wird. Terlusollogie macht eigentlich nichts anderes, als diesen Atemerschwernissen (oder -erleichterungen) intensiv „auf den Grund zu gehen" und damit in Zusammenhang stehende „Volksweisheiten" entweder zu bestätigen – oder zu widerlegen.

Viele Menschen sind beispielsweise der Meinung, es helfe ihnen, bei wichtigen Telefonaten herumzugehen. Andere meinen, dass der Mensch den Tag über eine gewisse „Mindestmenge" an Flüssigkeit aufnehmen muss.

Die Terlusollogie steigt tiefer ein, unterscheidet mehr. Die pauschale Vorgabe, sich bei wichtigen Telefonaten zu bewegen oder viel zu trinken, ist mir und der Terlusollogie viel zu allgemein gehalten.

Die Terlusollogie differenziert stattdessen, dass das Aufstehen und Herumgehen beim Telefonieren sowie die Einnahme von viel Flüssigkeit ausschließlich dem Einatmertyp hilft. Für den Ausatmertyp jedoch bringen diese Verhaltensweisen meist Nachteile!

Wenn ein Ausatmertyp beim Telefonieren herumgeht, kann das zu überaus negativen stimmlichen „Nebenwirkungen" führen! Umgekehrt ist es für einen Einatmertypen schlecht (wie ich es bei vielen Vertriebsmitarbeitern schon oft beobachtet habe), „nur" aufzustehen, aber dabei nicht herumzugehen! Das kann zum Beispiel einen überheblichen und arroganten Gesamteindruck bewirken, was für einen Verkäufer „tödlich" ist … Oder kaufen Sie gerne von einem Menschen, der auf Sie am Telefon eine arrogante Wirkung hat? Wohl kaum.

Menschen, die sich, ohne es zu wissen, typfremd verhalten, wirken oft „eigenartig" auf ihr Gegenüber, obwohl sie es selbstverständlich gar nicht wollen.

Welcher Typ sind Sie: Einatmer oder Ausatmer?

Keine Angst, es ist ganz leicht zu berechnen, welchem Atemtyp Sie angehören – also welcher Typ von Atmung Ihr Leben seit der Geburt prägt, ohne dass Sie es bislang wussten. Der jeweils größere Einfluss dominiert ein Leben lang. Ob Sonne oder eben Mond zum Zeitpunkt der Geburt dominanter auf Sie wirkte, wird sich ein ganzes Leben lang in Ihrer psychischen und physischen Prägung dokumentieren!

Kleine Einschränkung: Eine Berechnung des Atemtyps ist nur nördlich des Wendekreises möglich.

Und so funktioniert die Zuordnung

Bei Vollmond finden nur lunare Geburten statt, es werden also nur Einatmertypen geboren. Die meisten Menschen, die im Herbst oder Winter zur Welt gekommen sind, sind ebenfalls der Gruppe der lunaren Einatmertypen zuzuordnen. Dagegen sind die meisten Menschen, die im Frühjahr und Sommer auf die Welt kommen, solare Ausatmertypen. Die Terlusollogie unterscheidet aber noch feiner: Als wahre Energiebündel gelten Menschen, die trotz einer Geburt im Sommer nach ihren terlusollogischen Daten als Einatmertyp gelten.

Wenn Sie genau bestimmen wollen, ob Sie ein Einatmer- oder ein Ausatmertyp sind, benötigen Sie lediglich, neben Ihrem Geburtsdatum, Ihre exakte Geburtszeit. Sie wissen nicht genau, zu welcher Uhrzeit Sie geboren sind? Kein Problem. Im Standesamt Ihrer Stadt oder Gemeinde bekommen Sie in aller Regel die gewünschte Auskunft. Berechnen können Sie Ihren Typ ganz leicht im Internet unter www.terlusollogie.de.

Leben und Handeln mit oder gegen den Atemtyp

Viele Menschen leben im Einklang mit den Elementen und verhalten sich intuitiv passend zu den Erfordernissen ihres jeweiligen Atemtyps. Allerdings trifft das – leider – nicht auf das Verhalten aller Menschen zu. Wer durch Gewohnheiten oder auch Prägungen von außen sein eigentlich typgerechtes Verhalten dauerhaft ändert – egal, ob im privaten oder beruflichen Bereich –, bewirkt oft überaus Negatives. Dauert der Zustand der Änderung länger an, wird dem Betroffenen die kontraproduktive Wirkung zudem auch noch immer weniger bewusst. Er entfernt sich immer mehr von seinem typgerechten Verhalten – und schadet sich dadurch enorm.

Das „bessere" Telefonohr

Ist Ihnen das auch schon aufgefallen? Rechtshänder benutzen beim Telefonieren oft das linke Ohr oder halten den Hörer mit der linken Hand ans rechte Ohr. Linkshänder verwenden dagegen das rechte – die Hand geht also zum jeweils entgegengesetzten Ohr. Und zwar völlig unabhängig davon, ob diese Haltung nun als angenehm empfunden wird – oder nicht: Der wirkliche Grund für diese „klassische" Aufteilung ist ein ganz anderer: Während des Telefonats soll die Haupthand frei zum Schreiben sein. Logisch! Um sich Notizen machen zu können.

Dabei lässt es sich in der heutigen Zeit doch viel bequemer (und wesentlich erfolgreicher) mit Headset arbeiten!

Noch „schlimmer" ist es allerdings, wenn ein Rechtshänder zwar das rechte Ohr nutzt (bzw. ein Linkshänder das linke), den Hörer allerdings so zwischen Kopf und Schulter einklemmt, dass er mit der rechten (bzw. linken) Hand mitschreiben kann. Eine garantiert energieaufwändige und krankheitsfördernde Körperhaltung!

Mein Tipp: Für alle, die viel telefonieren, ist das Headset, also der Kopfhörer mit Mikrofon, ein absolutes Muss. Mein Favorit ist das Funk-Headset, weil es neben dem Telefonieren umherlaufen ermöglicht, d. h. ich spreche selbstverständlich mit meinem Gesprächspartner weiter, während ich zum Beispiel einen Ordner aus dem Schrank hole.

Die Terlusollogie unterscheidet aus gutem Grund zwischen einem sogenannten Nahhör-Ohr und einem Fernhör-Ohr (die

jeweils rechts oder links ausgeprägt sein können – je nach Atemtyp). Entscheidend dabei ist, dass das Nahhör-Ohr unbedingt
zum Telefonieren verwendet werden sollte. Und zwar deshalb,
weil mit diesem Ohr Geräusche aus der Nähe wesentlich besser
wahrgenommen werden können (als mit dem Fernhör-Ohr). Damit lässt es sich entscheidend einfacher aktiv zuhören. Außerdem
verstehen Sie schwierige Namen damit besser. Nuancenreiche
Zwischentöne und wichtige Kaufsignale lassen sich sogar praktisch nur mit dem Nahhör-Ohr wahrnehmen.

Der Einatmertyp

So telefoniert der Einatmer typgerecht

Einatmertypen sind, wenn sie sich typgerecht verhalten dürfen,
die geborenen Abend- und Nachtmenschen. Vor 1 Uhr nachts ist
für Einatmer der Tag nicht zu Ende. Den besten Schlaf finden sie
zwischen 1 Uhr und 9 Uhr morgens. Morgens früh aufstehen zu
müssen, ist für sie eine Qual. Wer von einem Einatmertypen zu
früher Stunde Kreativität und Konzentration verlangt, wird auf
Granit beißen – es ist für ihn nicht möglich. Will sich der Einatmer gegen seinen Atemtyp auflehnen, verbraucht er unnötige
Energie und Lebenskraft.

Einatmertypen brauchen nach Arbeitsbeginn, idealerweise
nach 9.45 Uhr, zuerst eine Übergangsphase, in der sie „anlau-
fen" können – eine Aufwärmphase. Administrative Arbeiten am
Schreibtisch, Sortieren und Sichten anstehender Aufgabenbe-
schreibungen zum Beispiel, sind für den Einatmer ein guter Start
in den Tag. Wichtige Telefonate, die einen wachen Geist, einen fit-
ten Körper und Überzeugungskraft erfordern, spart sich der Einatmer besser für einen späteren Zeitpunkt auf. Denn: Am krea-
tivsten und am Telefon auch erfolgreichsten ist der Einatmertyp
in den späten Nachmittags- und Abendstunden.

Für den Einatmertyp ist Telefonieren in der Regel von Haus aus eine leichtere Übung. Er greift gern zum Hörer und braucht den visuellen Kontakt nicht als Unterstützung, um erfolgreich zu sein. Der Einatmer lernt gerne und gut über das Hören. Diese Fähigkeit lässt sich für ihn auch leicht zum Ausarbeiten seines persönlichen, vertrieblichen Telefonskripts nutzen. Einatmertypen erstellen idealerweise einen relativ klar strukturierten Leitfaden – dadurch verankern sie ihre zielorientierten Erfolgsschritte besonders wirksam. Der Einatmer lernt wesentliche Gesprächselemente eines Telefonats, wie etwa einen positiven Gesprächseinstieg, zunächst am besten durch komplettes Vorformulieren. Durch lautes Lesen und Sprechen nimmt er ihn am besten auf und speichert ihn dadurch langfristig abrufbar für sich ab. Darüber hinaus gibt ein schriftlicher Gesprächseinstieg dem Einatmer die nötige Portion Sicherheit, falls er einmal tatsächlich aus dem Konzept kommen sollte.

Hinweis: Wie Sie einen solchen positiven Gesprächseinstieg im Detail ausformulieren, können Sie in meinem Buch „Telefonsales" nachlesen.

Um als Einatmertyp eine typgerechte Atmung sicherzustellen, ist es übrigens besonders zu empfehlen, sich beim Telefonieren aufrecht zu halten.

So lernt der Einatmer typgerecht

Wir leben in einer Wissensgesellschaft und müssen uns ständig weiterbilden, neue Informationen sammeln und uns auf dem Laufenden halten. Besonders erfolgreich sind wir dabei, wenn wir typgerecht lernen. Der Einatmertyp lernt ganz anders als der Ausatmertyp – wer das weiß und sich diese Erkenntnis zunutze macht, kann seine eigenen Lernprojekte schneller und erfolgreicher realisieren und auch dem Kunden neue Inhalte typgerecht und nachhaltig vermitteln.

Wie bereits erwähnt, erreicht der Einatmertyp sein maximales Level an Kreativität und Konzentration ab dem Nachmittag. Das gilt auch fürs Lernen.

Geht es um etwas Neues, also eine neue Information oder einen zu erlernenden Sachverhalt, der verankert werden soll, empfiehlt sich deshalb ein nicht zu früher Zeitpunkt im Tagesablauf. Bei typgerechtem Schlaf lernt der Einatmertyp am effektivsten in den späten Nachmittags- und Abendstunden.

Er lernt gerne und gut durch Hören/Zuhören. Hörbücher, selbst besprochene Audiobänder u. Ä., unterstützen seinen Lernprozess ganz entscheidend. Durch lautes (Vor-)Lesen von geschriebenen Texten und Sprechen nimmt er Neues am besten auf und speichert die anzueignenden Inhalte bei ausreichender Wiederholungsfrequenz mittel- bis langfristig sehr gut für sich ab. Er bzw. sie kann die solcherart erarbeiteten Inhalte dann auch jederzeit sehr gut wieder abrufen!

Ein schriftlicher „Gesprächseinstieg" (also eine Art Erinnerungsnotiz mit Hinweisen zum Einstieg ins Thema) gibt ihm die nötige Portion Sicherheit, auch falls er bei der Rekapitulation des Erlernten aus dem Konzept kommt.

Der Einatmertyp ist ein „Bewegungsmensch". Um beim Lernen eine typgerechte Atmung sicherzustellen, ist es für ihn (sie) zu empfehlen, entweder zu gehen und laut zu rezitieren oder typgerecht zu sitzen (Oberkörper gerade, gestreckte Kniegelenke, Kopf leicht nach oben geneigt). Ablenkung, zum Beispiel durch Nebengeräusche (Radio etc.), empfindet er (sie) als extrem störend. Für effektives, konzentriertes Arbeiten braucht er Ruhe und Konzentration.

Wenn der Einatmertyp gemeinsam mit anderen lernen will (was meist zu sehr guten Lernergebnissen führt), geschieht dies am besten in Form des gegenseitigen Abfragens, denn er (oder sie) braucht zum Lernen in jedem Fall ein Hörerlebnis. Der Einatmertyp möchte die Dinge hören und verbal erklärt bekommen. Wenig Erfolg versprechend ist das gemeinsame Lernen für den

Tab. 4.1 Die für den Einatmer typgerechten, fürs Telefonieren besonders
relevanten Verhaltensweisen

Richtiges Telefonohr	Sie nehmen nahe Geräusche besser mit Ihrem rechten Ohr wahr. Ihr fürs Telefonieren geeignetere Ohr ist das rechte
Headset	Verwenden Sie ein Headset mit Bügel über dem Kopf (vermeiden Sie möglichst Modelle, die über dem Ohr eingehängt werden)
Nebengeräusche	Für Einatmer ist Ablenkung, zum Beispiel durch Nebengeräusche (Radio etc.), extrem störend. Für konzentriertes Arbeiten braucht der Einatmer Ruhe und Konzentration. Falls Sie als Einatmer also in einem Raum mit Nebengeräuschen arbeiten müssen, ist ein Headset mit Haltebügel über dem Kopf und Lautsprechern für beide Ohren hilfreich
Optimale Körperhaltung	Halten Sie sich aufrecht beim Telefonieren. Entweder sitzend oder bei großer Anspannung auch im Stehen (dann sollte aber unbedingt herumgegangen werden!) – beides ist möglich. (Reines Stehen ist für den Einatmer nicht geeignet, denn er ist der „Bewegungstyp"). Im Sitzen halten Sie den Oberkörper gerade und drücken die Kniegelenke durch. Kippen Sie das Becken leicht nach hinten – dadurch kommt die Wirbelsäule in eine leicht S-förmige Biegung. Der Kopf ist leicht nach hinten geneigt, das Kinn oben. Die Kniegelenke strecken Sie am besten durch, die Fußgelenke sind gebeugt
Flüssigkeitsaufnahme	Trinken, trinken, trinken Sie. Schließlich brauchen Sie besonders viel Flüssigkeit. Je mehr Sie sprechen (telefonieren), desto mehr Flüssigkeit (sehr gut ist Wasser ohne Kohlensäure) sollten Sie zu sich nehmen.

Kleidung	Der Einatmertyp bevorzugt leichte, das heißt pastellige Farben. Knallfarben sind ihm ein Gräuel. Wichtig: Lassen Sie den Hals frei, zumindest in geschlossenen Räumen. Vermeiden Sie also z. B. Rollkragenpullis oder Schals. Bei Halsweh gilt: Wärme, Wärme, Wärme – allerdings nur von innen (Getränke); äußerlich unterstützen Sie die Heilung durch kurze Kühlpackungen (mehrmals täglich für drei Minuten), die Sie rechts und links an die Mandelgegend halten
Raumtemperatur	Als Einatmertyp bevorzugen Sie warme Räume. Lüften? Ja, das sollten Sie immer wieder – aber denken Sie daran: Zug oder Kälte führen bei Ihnen sehr schnell zu Unwohlsein!
Schreibhand	Ihre Schreibhand ist die rechte Hand
Wichtig	Vermeiden Sie auf jeden Fall alle „Haltearbeiten" – zum Beispiel das Halten des Telefonhörers oder des Telefonskripts beim Telefonieren im Gehen
Körperliche Übungen	Für Sie besonders gut sind Dehn- und Lockerungsübungen, zum Beispiel aufstehen und Arme schütteln, Beine lockern. Wiederholen Sie solche Übungen am besten immer mehrmals. Nach längerem Sitzen brauchen Sie unbedingt Bewegung

Einatmertyp allerdings, wenn er sich mit seinem Gegenüber unwohl fühlt. Dann ist er lieber allein, weil ihm die anderen dieses Unbehagen (seiner Vorstellung nach) sonst sofort an der Stimme anhören (Tab. 4.1).

Der Ausatmertyp

So telefonieren Sie typgerecht als Ausatmer

Ausatmertypen sind, wenn sie sich typgerecht verhalten, die geborenen Frühaufsteher und Morgenmenschen. Den besten Schlaf finden sie zwischen 22 Uhr und 6 Uhr. Abends werden sie früh und schnell müde, gehen gern früh schlafen. Abends länger als gewohnt zu arbeiten oder andere Dinge unter Zwang erledigen zu müssen, ist für sie schrecklich. Während der Einatmertyp noch gegen die Morgenmüdigkeit kämpft, erreichen die Ausatmertypen schon ihren Leistungszenit: Sie können in der Tat schon zu früher Stunde problemlos kreativ sein und konzentriert an den anstehenden Herausforderungen arbeiten. Der Ausatmertyp wacht auf – und ist sofort hellwach. Frühes Aufstehen ist für ihn mehr als normal, denn es passt maßgeschneidert zu seinem Typ. Sofort nach dem Aufstehen ist er kommunikativ.

Verpassen Ausatmertypen dagegen den Moment, rechtzeitig ins Bett zu kommen, fehlt ihnen die notwendige Erholung – der folgende Start in einen frühen Morgen verlangt ihnen dann viel zu viel Energie ab. Wichtige Lebenskraft geht dadurch verloren.

Der Ausatmertyp kann seinen Arbeitstag bereits zwischen 7.30 und 8.00 Uhr starten. In dieser Zeit fühlt er sich, als könne er Bäume ausreißen. Und er ist auch tatsächlich in der Lage, voll durchzustarten. Aufwärmphasen, die ideal für den Einatmertypen sind, erübrigen sich beim Ausatmer. Er startet gerade wichtige Telefonate, also die wirklich „dicken Brocken", am besten gleich nach Arbeitsbeginn.

Allerdings ist der Ausatmertyp nicht gerade der geborene Telefonierer. Er greift in vielen Fällen nur ungern zum Hörer, präferiert Schriftliches. Manche Gespräche führt er nur dann, wenn er unbedingt muss und keinen anderen Ausweg sieht. Persönliche Überzeugungsarbeit vor Ort, also direkt beim Kunden, ist dagegen für den Ausatmertyp eine einfache Sache. Sie fällt ihm leicht, weil er den direkten Sichtkontakt mag und braucht. Soll er jedoch beispielsweise kalt akquirieren, sieht er das häufig als notwendiges Übel seines Vertriebsjobs an – weniger als positive Herausforderung. Um mögliche Hemmschwellen zu überwinden und erfolgreich zu sein, braucht er visuelle Unterstützung. Der Ausatmertyp lernt mit den Augen. Das bedeutet: Er muss lesen, schreiben und sehen, um das Gelernte (Gehörte) auch abspeichern zu können.

Auch Ausatmertypen sollten ihren Telefonleitfaden übersichtlich strukturiert und komplett ausformuliert erstellen. Am besten sortiert, schnell auffindbar – also sofort zu sehen, darüber hinaus gut gegliedert, schön formatiert, nach Themen unterteilt und am besten auf mehrere Seiten aufgefächert (mehr dazu in meinem Buch „Telefonsales").

Ihre Überzeugungskraft am Telefon unterstützen Ausatmertypen idealerweise durch visuelle Elemente, etwa durch Broschüren, Prospekte oder Produkte, die vor ihnen – im Blickfeld – auf dem Schreibtisch stehen oder liegen. Sie haben das Produkt oder die Dienstleistung, die sie vertreten, dadurch stets im Auge. Das gibt ihnen zusätzliche Sicherheit für ein überzeugendes Erscheinungs„bild" – gerade am Telefon. Telefonate fallen ihnen dann leichter, weil sie stets sehen, wofür bzw. für wen sie telefonieren.

So lernt der Ausatmer typgerecht

Als typische Morgenmenschen lernen Ausatmer am besten am Vormittag, dann haben sie das höchste Konzentrationslevel und haben auch die stärkste Kreativitätsphase. Ausatmertypen starten deshalb auch mit dem Lernen am besten direkt bei Arbeitsbeginn – der bei diesem Atemtyp durchaus auch schon um 7.30 oder 8.00 Uhr morgens sein kann. Neue Inhalte erfassen und effektiv lernen ist den Ausatmern in den Vormittagsstunden besonders gut möglich (bei typgerechtem Schlaf).

Der Ausatmer lernt am besten visuell – also mit den Augen. Er muss die entsprechenden Inhalte selbst erlesen und (be)schreiben, um das Gelernte effizient abspeichern zu können. Bücher, eigene Mitschriften, übersichtliche Notizen, Videos sowie computerbasiertes visuelles Lernen sind für ihn geeignete Mittel, um

sich neue Inhalte, Aussagen und Erkenntnisse wirksam anzueignen. Durch „stummes" Lesen von geschriebenen Texten und
bloßes Ansehen von Videos oder sonstigem Bildmaterial nimmt
er Neues am allerbesten auf – und speichert die entsprechenden
Informationen dadurch bei entsprechender Wiederholungsfrequenz mittel- und langfristig abrufbar für sich ab.

Ein schriftlicher, ausformulierter „Gesprächsleitfaden" ist für
den Ausatmer dringend zu empfehlen – und zwar am besten ge-
tippt, zumindest jedoch gut leserlich geschrieben und übersichtlich strukturiert.

Der Ausatmertyp ist ein „Ruhemensch". Um beim Lernen eine
typgerechte Atmung sicherzustellen, ist es für ihn deshalb zu
empfehlen, eine ruhige Haltung einzunehmen. Am besten wird
das in sitzender Position erreicht.

▶ **Wichtig zu wissen** Sind Sie selbst ein Ausatmertyp,
beugen Sie sich deshalb beim Lernen immer leicht nach
vorne. Die Lehne des Stuhles, auf dem Sie sitzen, sollte
für Sie bloße Zierde sein – da Anlehnen kontraproduktiv
sein könnte. Sie sitzen gut im Hohlkreuz, was durch nach
hinten angewinkelte Unterschenkel noch erleichtert wird.
Typisch und typgerecht für Sie ist es, die Füße „um die
Stuhlbeine zu wickeln" (was bei den heute üblichen Dreh-
stühlen allerdings fast unmöglich ist!). Der Kopf ist leicht
nach unten geneigt. Beim Stehen ist es wichtig, auch wirklich stehen zu bleiben. Herumgehen entzieht dem Ausatmer unnötige Energie und kann dazu führen, dass er beim
Lernen unnötig nervös wird. Passende Nebengeräusche
(z. B. geeignete Musik) empfindet der Ausatmer als angenehm – er (sie) kann trotz oder gerade wegen der Musik
konzentriert arbeiten und lernen.

Der Ausatmer lernt auch gerne mit anderem im Raum, er mag sogar geradezu entsprechende Blickkontakte für effizientes Lernen.

Tab. 4.2 Die für den Ausatmer typgerechten, fürs Telefonieren besonders relevanten Verhaltensweisen

Richtiges Telefonohr	Sie nehmen nahe Geräusche besser mit Ihrem linken Ohr wahr. Ihr fürs Telefonieren geeignetere Ohr ist das linke
Headset	Besonders wichtig für Ausatmertypen: Verwenden Sie in jedem Fall ein Headset! Ob mit Bügel über dem Kopf, unterm Kinn oder als eingehängtes Modell über dem Ohr, entscheiden Sie nach Optik und Gefallen
Nebengeräusche	Der Ausatmertyp kann auch mit Nebengeräuschen konzentriert arbeiten. Hintergrundmusik aus Radio oder PC ist für ihn angenehm. Der Ausatmer telefoniert gerne mit anderen im Raum, er braucht den Blickkontakt. Dies ändert sich nur, wenn er sich bei seinen Gesprächen unwohl fühlt. Dann ist er lieber allein, weil ihm die anderen das (seiner Vorstellung nach) sonst sofort ansehen
Optimale Körperhaltung	Falls Sie ein Ausatmertyp sind, gilt für Sie in Sachen Körperhaltung Folgendes: Beugen Sie sich beim Telefonieren leicht nach vorne. Am besten erreichen Sie das in sitzender Position (Sie sind schließlich ein „Ruhetyp"). Die Lehne eines Stuhles sollte für Sie Zierde sein, Anlehnen ist für Sie überflüssig, da die Wirbelsäule dadurch ihre aufrechte S-förmige Biegung am besten behält. Sie sitzen gut im Hohlkreuz, was durch nach hinten angewinkelte Unterschenkel noch erleichtert wird. Typisch und typgerecht für Sie als Ausatmertyp ist es, die Füße „um die Stuhlbeine zu wickeln" (was bei den heute üblichen Drehstühlen allerdings praktisch unmöglich ist!). Der Kopf ist leicht nach unten geneigt – bei leicht nach vorn gebeugtem Hals
Flüssigkeitsaufnahme	Die meisten Ausatmer trinken von Natur aus wenig. Sie vergessen zu trinken, wenn sie das Getränk nicht vor sich abstellen. Doch das ist meist auch gar nicht notwendig! Nach der Terlusollogie reicht dem Ausatmer nämlich verhältnismäßig wenig Flüssigkeit

Tab. 4.2 (Fortsetzung)

Kleidung	Der Ausatmertyp mag kräftige Farben. Da der Hals seine Wärmezone ist, sind Rollkragenpullover, Tücher oder Schals typrichtig. Bei Halsweh gilt ebenso wie beim Einatmer die Empfehlung „Wärme, Wärme, Wärme" – allerdings nur von außen (Kleidung). Von innen sind kalte Getränke erlaubt
Raumtemperatur	Als Ausatmertyp bevorzugen Sie wohl temperierte, aber gut durchlüftete Räume. Bei zu hoher Raumtemperatur und schlechter Luft fühlen Sie sich unwohl
Schreibhand	Ihre Schreibhand ist normalerweise die linke Hand. Wir leben allerdings nach wie vor großenteils in einer Rechtshänder-Gesellschaft. Durch Erziehung und Umfeld (Kindergarten, Schule) sind Sie jedoch vielleicht anders angeleitet oder erzogen worden (ohne dass Ihnen das heute noch bewusst ist), wie ein Rechtshänder zu agieren. Achtung: Das kann zu Störungen in der Rechtschreibung bis hin zur Legasthenie führen!
	Tipp: Als rechtsschreibender Ausatmertyp können Sie einfach für einen geeigneten Ausgleich sorgen, bei der Schreibtischarbeit z. B. dadurch, dass Maus, Taschenrechner, Tischrechner oder Telefontasten mit der linken Hand bedient werden, beim Sport unter anderem dadurch, dass der Tennis- oder Golfschläger mit der linken Hand geführt wird. Weil der Ausatmer „eigentlich" ein Linkshänder ist, gelingt dieses Umtrainieren meist innerhalb weniger Tage
Wichtig	Vermeiden Sie es nach Möglichkeit, beim Telefonieren herumzugehen (auch wenn Sie das Hören anstrengt und bei Ihnen einen Bewegungsdrang auslöst. Bewegung kostet Sie letztlich viel zu viel Energie und Konzentration)
Körperliche Übungen	Für Sie besonders gut sind Anspannungsübungen. Zum Beispiel: die Hände links und rechts unter den Stuhl halten und anspannen, zwischendurch kurz loslassen, dann wieder anspannen. Am besten mehrmals wiederholen

Dies ändert sich nur, wenn er sich mit seinem Gegenüber unwohl fühlt. Dann ist er lieber allein, weil ihm die anderen dieses Unwohlsein (seiner Vorstellung nach) sofort ansehen.

Als „Augenmensch" ist der Ausatmertyp übrigens nicht gerade der geborene Telefonierer. Atemtypgerecht sieht er sein Gegenüber lieber und bevorzugt das persönliche Gespräch. Manche telefonischen Gespräche führt er am liebsten nur dann, wenn er unbedingt muss und keinen anderen Ausweg sieht. Für den Ausatmer ist es besonders wichtig, sich visuell zu unterstützen! Optische Unterstützung, die übersichtlich und gut strukturiert ist sowie visuelle Sicherheit anstelle des Blickkontaktes gibt. Dementsprechend wichtig ist für ihn in allen Situationen ein Leitfaden. Außerdem ist jede Art von positiver visueller Unterstützung, z. B. Hochglanzbroschüren, Präsentationen sowie die Internetseite seines Kunden, ein Foto seines Ansprechpartners, Erfolgssymbole oder Empfehlungsschreiben, nützlich. Kurzum: Alles, was ihn und sein Auge freut und positiv einstimmt, ist außerordentlich hilfreich (Tab. 4.2).

Einatmer- und Ausatmer-Eigenschaften im Vergleich

Der Atemtyp beeinflusst unser tägliches Leben. Harmonisch zu leben und erfolgreich zu sein fällt am leichtesten bei typgerechtem Verhalten. Deswegen hier für Sie noch mehr Unterschiede und Grundmerkmale der beiden Typen sowie einige elementare Tipps für typgerechtes Verhalten (Tab. 4.3).

▶ **Wichtig zu wissen** Beim Ermitteln des jeweiligen Typs sind trotz der recht einfachen Berechnungsmethode Fehler nie ganz auszuschließen. Wenn die Uhr der Hebamme während der Geburt nicht exakt ging, falsche Daten ins Geburtsregister eingetragen oder Sommer- und Winterzeit

Tab. 4.3 Einatmer und Ausatmer im Vergleich

	Einatmertyp	Ausatmertyp
Bewegung	Braucht viel Bewegung. Sollte deshalb jede Gelegenheit für Pausen nutzen und sich dann viel bewegen (z. B. Treppen gehen, einen kleinen Spaziergang unternehmen). Nur so kann er konzentriert lernen und arbeiten. Einatmertypen mit zu wenig Auslauf neigen zu Schlafwandeln bei Vollmond	Hat einen geringen Bewegungsdrang
Ernährung	Viel trinken, aber besten zimmerwarme oder warme Getränke. Drei Mahlzeiten, keine Zwischenmahlzeiten. Gut bekömmlich sind vor allem Vollkornprodukte, Kartoffeln, Äpfel, Beerenobst, Zitrusfrüchte, tierische Fette, viele Gewürze (gerne auch scharf)	Wenig trinken, vor allem nicht zu heiß. Mehrere kleine Mahlzeiten statt weniger großer. Gut bekömmlich sind vor allem Weißmehlprodukte (weißes Brot, Reis), viel Eiweiß, fettarme Ernährung (pflanzliche Fette), Honig, Zucker, Tomaten, grüner Salat, Bananen, Steinobst
Farben	Bevorzugt Pastellfarben	Bevorzugt kräftige Farben
Klima	Feuchtes Klima, feuchte Luft und Wärme	Trockenes Klima, trockene Luft oder Hitze
	Sauna: Biosauna oder Dampfbad	Sauna: Finnische Sauna oder Polarluftsauna
Verengungszone (*Kältezone*)[*]	Beine, Füße, Arme, Hände, Rumpf. Zur Abkühlung/Erfrischung Wasser ins Gesicht spritzen und den Hals damit befeuchten	Becken, Hals, Gesicht. Zur Abkühlung. Zur Abkühlung/Erfrischung einfach kaltes Wasser über die Hände oder Füße laufen lassen

Tab. 4.3 (Fortsetzung)

	Einatmertyp	Ausatmertyp
	Bei Frischluft (oder Klimaanlage): mit dem Gesicht dem Luftzug zugewandt arbeiten	
Dehnungszone	Beine, Arme, Hände, Füße. Warme Kleidung ist wichtig für die Dehnungszonen. Friert der Einatmer oder sitzt in einem Luftzug, führt dies schnell zu Erkältungskrankheiten u. Ä.	Hals, Gesicht, Rumpf, Hinterkopf. Vorsicht: Zugluft oder Klimaanlagengebläseluft auf Gesicht oder Hals führt schnell zu einer Erkrankung!
Kopfhaltung	Kopf leicht angehoben, Kinn leicht (zwei Grad) nach oben geneigt	Kinn und Halswirbelsäule leicht nach vorn (unten) geneigt
Körperliche Übungen bei der Arbeit, um geistig und körperlich fit zu bleiben	Dehn- und Lockerungsübungen	Anspannungsübungen, Kraftübungen
Zeitpunkt des Leistungs maximums	Später Nachmittag sowie gegen Abend	Vormittags
Ruhen	Rückenlage: Kopf ohne oder mit flachem Kissen, Arme seitlich gestreckt, Handflächen nach unten	Bauchlage: auf fester Unterlage. Der Kopf ist zur Seite gedreht, Oberarme sind angewinkelt, Schulter- und und Rückenmuskulatur entspannt
	Seitenlage: rechts, Knie leicht angewinkelt	Seitenlage: links
	Frischluft: Gesicht dem Luftzug zugewandt	Frischluft: von hinten oder von der Seite

Tab. 4.3 (Fortsetzung)

	Einatmertyp	Ausatmertyp
Lernen	Lernt gut über das Ohr. Kreative Zeit und gute Lernphase: nachmittags und abends. Am effektivsten am späten Nachmittag und in den Abendstunden. Bewegung hilft beim Lernen. Nebengeräusche (z. B. Radio) vermeiden	Lernt gut über das Auge. Kreative Zeit und gute Lernphase: vormittags, gern auch in den Morgenstunden. Ruhige Haltung, wenig Bewegung helfen beim Lernen. Nebengeräusche sind nicht störend
Raumtemperatur	Warme Räume, gerne Fußbodenheizung. Der Einatmertyp hat ein ausgeprägtes Wärmebedürfnis	Kühlere, gut gelüftete Räume. Der Ausatmertyp hat ein geringes Wärmebedürfnis
Schlafzeit	1 Uhr bis 9 Uhr	22 Uhr bis 6 Uhr
Schreibhand	Rechts	Links
Sitzen	Idealerweise aufrecht sitzen oder stehen mit durchgestreckten Kniegelenken	Vorgebeugtes Sitzen oder Stehen
Stehen	Das Standbein ist das rechte	Das Standbein ist das linke. Der Oberkörper ist leicht nach vorn geneigt, das Gewicht ruht auf dem linken Vorderfuß, die Knie sind leicht gebeugt und nicht durchgestreckt
Telefonohr	Rechts	Links

* Zur Erläuterung: Einatmer- und Ausatmertypen reagieren unterschiedlich auf Kälte und Wärme. Der Grund dafür sind die sogenannten Dehnungs- und Verengungszonen des Körpers. Dehnungszonen haben ein ausgesprochenes Wärmebedürfnis. Sie müssen gut vor Kälte geschützt werden. Verengungszonen haben dagegen ein geringes Wärmebedürfnis. Der Körper des Einatmertyps besteht vorwiegend aus wärmebedürftigen Dehnungszonen. Nur Gesicht, Hals und Becken sind bei ihm Verengungszonen, die eher Kälte lieben. Der Körper des Ausatmertyps hingegen besteht größtenteils aus Verengungszonen. Bei ihm gehören Gesicht, Hals und Becken zur Dehnungszone mit einem sehr großen Wärmebedürfnis. Die unterschiedlichen Dehnungs- und Verengungszonen bilden polare Zonen im Körper, was bei der Kleidung unbedingt berücksichtigt werden sollte.

verwechselt wurden, kann das zu massiven Fehlberech-
nungen führen. Deshalb ist es wichtig und hilfreich, das
Geburtsdatum und die Geburtszeit genau zu erfragen.

Der, der dazwischen steht: der Fragezeichentyp

Ja, es gibt ihn wirklich: den Typ dazwischen. Bei ihm sind die
Einflüsse, die Sonne und Mond auf ihn nehmen, jeweils in etwa
gleich groß. Die Differenz zwischen den beiden Einflüssen ist geringer als sieben Prozent. Die Terlusollogie nennt ihn den „Fragezeichentypen".

Für ihn gilt: Je kleiner die Differenz zwischen den Einflüssen
ist, desto höher ist einerseits die Toleranz für typwidriges Verhalten, andererseits ist das instinktiv richtige Verhalten schwächer
ausgeprägt. Dieser Umstand erschwert auch das „Austesten". Da
die Energiemenge des Fragezeichentyps nicht exakt berechenbar
ist, kann sie nur ein erfahrener Terlusologe in Erfahrung bringen.

Der typgerechte Arbeitsplatz

Um das typgerechte Arbeiten optimal zu unterstützen, gilt es, den
Arbeitsplatz mit Schreibtisch, Stuhl, PC und gerade auch Telefon
entsprechend anzupassen. Typgerechtes Arbeiten bietet nämlich
entscheidende Vorteile:

- Sie fühlen sich wohl am Arbeitsplatz.
- Die Arbeit geht angenehm und energiesparend von der Hand.
- Beschwerden, zum Beispiel der Halswirbelsäule oder Kopf-
  schmerzen durch typwidriges Verhalten, werden vermieden.

Tab. 4.4 Der typgerechte Arbeitsplatz für Einatmer und Ausatmer

	Einatmertyp	Ausatmertyp
PC/Tastatur/Notebook	Der Kopf des Einatmers ist leicht angehoben, das Kinn leicht (zwei Grad) nach oben geneigt. Die Augen sind beim Arbeiten etwas nach unten gerichtet	Kopf, Kinn sowie die Halswirbelsäule sind beim Ausatmer leicht nach vorn (unten) geneigt
	Computer: Ideal für den Einatmer ist die Arbeit am PC mit Monitor und Tastatur. Beim Arbeiten mit dem Laptop ist es am besten, wenn dieser, um die ideale Kopfhaltung und den richtigen Blickwinkel beizubehalten, per externer, flacher Tastatur bedient wird. Außerdem sollte der Laptop immer etwas höher aufgestellt werden	Der Ausatmer kann dementsprechend gut mit dem Notebook arbeiten. Er braucht keine Höherstellung oder externe Tastatur
	Tastatur: Die Handgelenke fallen von oben auf die Tastatur	Tastatur: Die Handgelenke werden vor der Tastatur aufgestützt, so dass die Fingerspitzen, vom Fingergrundgelenk aus betrachtet, beim Tippen nach oben weisen
	Maus: Die Maus sollte rechts von der Tastatur sein und mit der rechten Hand bedient werden.	Maus: Die Maus sollte links von der Tastatur sein und mit der linken Hand bedient werden (Linkshänder)

Tab. 4.4 (Fortsetzung)

	Einatmertyp	Ausatmertyp
Stuhl/Schreibtisch	Der Schreibtisch ist normal bis hoch. Niedrige Tische eignen sich für den Einatmer nicht. Die Sitzfläche des Stuhls ist tief gestellt, sodass eine gestreckte Kniehaltung möglich ist. Der Stuhl braucht eine Lehne, denn der Einatmer stützt sich gerne ab. Darüber hinaus kann ein Fußhocker gute Dienste leisten. Wer zuhause arbeitet (telefoniert), kann die Beine auch auf den Tisch legen	Der Schreibtisch ist normal hoch bis niedrig. Die Sitzfläche des Stuhls ist hoch gestellt und der Stuhl selbst hat idealerweise im Vorderbereich nach innen abgerundete Stuhlbeine. Diese ermöglichen ein bequemes „Umwickeln" der Stuhlbeine mit den Füßen (bei einem geeigneten Stuhltyp!). Der Ausatmer braucht keine Lehne, denn er vermeidet es auf jeden Fall, sich anzulehnen
Telefon und Co.	Telefon und Tischrechner/Taschenrechner befinden sich links neben dem PC und werden mit der linken Hand bedient. Schreibgeräte, Post-its etc., die oft gebraucht werden, sind auch links auf dem Schreibtisch angeordnet	Telefon und Tischrechner/Taschenrechner befinden sich rechts neben dem PC und werden mit der rechten Hand bedient. Schreibgeräte, Post-its etc., die oft gebraucht werden, sind auch rechts auf dem Schreibtisch angeordnet

Nachfolgend finden Sie einige wertvolle Tipps für den typgerechten Arbeitsplatz (Tab. 4.4).

Zusätzliche Informationen (Bilder) über typgerechtes Sitzen
und Stehen finden Sie unter www.terlusollogie.de.

► **Wichtig zu wissen** Häufig auftretende Verspannungs-
probleme entstehen meist durch eine unnatürliche
Schräglage des Kopfes oder Nackens. Dies führt zu körperlich einseitiger Überlastung. Es ist deshalb besonders
wichtig, darauf zu achten, dass Monitor/PC gerade ange-
ordnet sind, so dass ein gerader Blickwinkel auf diese
Geräte möglich ist. Damit wird auch automatisch die oft
parallel zum zuvor genannten Haltungsfehler auftretende
Fehlhaltung der ein- oder beidseitig hochgezogenen
Schultern am Arbeitsplatz weitgehend vermieden. Ständiges Hochziehen der Schultern führt ansonsten leicht zu
Schmerzen in der Muskulatur.

Die Atemtypen und ihre Charaktermerkmale

5

Der individuelle Atemtyp beeinflusst neben den persönlichen Vorlieben auch das Verhalten im Alltag. Der eine Atemtyp liebt es, bei geöffnetem Fenster zu arbeiten. Der andere macht es wieder zu, weil er befürchtet, es könnte ziehen. Der eine braucht seine Ordnung auf dem Schreibtisch und auch sonst im Leben, der andere mag das kreative Chaos. Den einen können Nebengeräusche nicht aus dem Konzept bringen, der andere braucht seine strikte Ruhe, um arbeiten zu können.

Kurzum: Jeder Atemtyp denkt, handelt und kommuniziert anders. Und: Je ausgeprägter der Einfluss des jeweiligen Atemtyps ist, umso stärker sind die jeweiligen Vorlieben im Alltag ausgeprägt.

Neben dem Alltagsverhalten gibt der Atemtyp Aufschluss über das Charakterbild des Menschen. Terlusollogen unterscheiden deshalb auch noch einmal in:

- Denk-/Empfindungstypen
- Empfindungs-/Denktypen

▶ **Wichtig zu wissen** Unterschiede im Alltagsverhalten und im Charakter sind nach der Terlusollogie völlig wertfrei zu betrachten (Abb. 5.1).

C. Fischer, *Maximale Kundennähe am Telefon*,
DOI 10.1007/978-3-658-02986-9_5,
© Springer Fachmedien Wiesbaden 2013

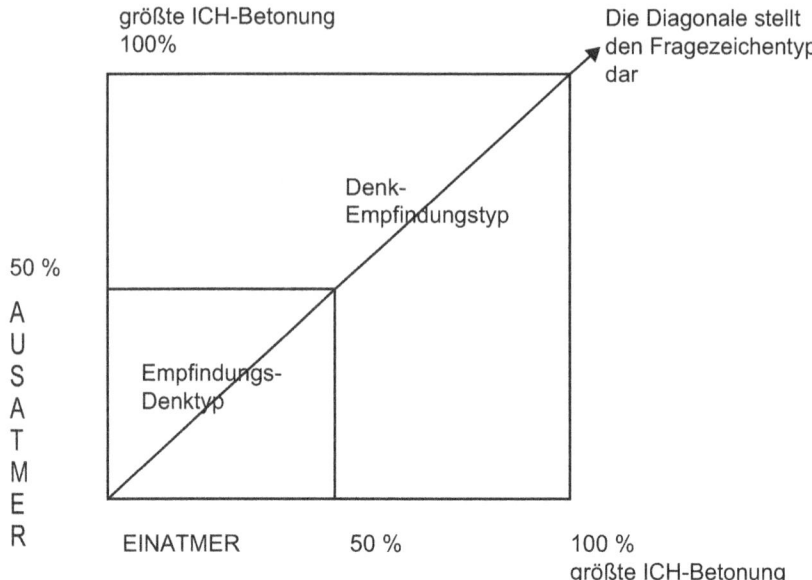

Abb. 5.1 Die Terlusollogie unterscheidet nach der Stärke der jeweiligen Einflüsse verschiedene Charaktertypen

Was sagt die Terlusollogie über Ihren Charakter?

Wenn Sie Ihren Atemtyp errechnet haben, können Sie Ihre Koordinaten in oben stehende Abbildung eintragen. Die jeweils „führende" Energie gibt dabei den Ausschlag, welchem Charaktertyp Sie zuzuordnen sind.

- Liegen Ihre Mond- und Sonneneinflüsse zwischen einem und 50 %, sind Sie als Empfindungs-Denktyp einzustufen.
- Liegen Ihre Mond- und/oder Sonneneinflüsse im Bereich zwischen 50 und 100 %, sind Sie dagegen ein Denk-Empfindungstyp.

▶   **Wichtig zu wissen** Sich selbst einem bestimmten Charaktertyp zuzuordnen, fällt relativ leicht, weil Sie im Regelfall Ihre genauen Geburtsdaten kennen. Von Ihren Gesprächs-

partnern liegen Ihnen diese Daten normalerweise nicht
sofort vor, sodass eine exakte Einordnung in die Tabellen-
darstellung nicht möglich ist.

Zwar lassen sich gewisse Tendenzen feststellen – zum Beispiel
entweder die Vorliebe für „Gesehenes" oder die für „Gehörtes".
Doch der jeweilige Charaktertyp lässt sich aus terlusollogischer
Sicht eben *nicht* interpretieren, sondern nur ermitteln.
Seien Sie deshalb vorsichtig mit der vorzeitigen Einschätzung
von Gesprächspartnern – warten Sie besser eine passende Gelegenheit ab, um gezielt nach dem Geburtstermin fragen zu können, um dann eine seriöse Typbestimmung vorzunehmen!
Dazu folgender Tipp: Einige Menschen halten die direkte Frage
nach dem Geburtstag oder Alter eines Gesprächspartners für auf-
dringlich und im Geschäftsleben auch für unpassend. Mir geht es
zuweilen auch so. Und sie ist häufig gar nicht notwendig, da zum
Beispiel in sozialen Netzwerken (XING, Facebook & Co.) oft Geburtstag und sogar das Geburtsjahr vermerkt sind. Daneben gibt
es durchaus charmante Fragealternativen, um an die für die Cha-
raktertypbestimmung so wichtigen Daten zu gelangen.

Folgendes ist in der Abbildung auch noch erkennbar:

- Nur ein Viertel der Menschen sind Empfindungs-Denktypen.
- Je höher ein einseitiger Einfluss (zum Beispiel 99 % Sonnenpha-
  se, ein Prozent Mondphase), desto größer ist die Ich-Betonung
  des Menschen.
- Es gibt sehr wenige sogenannte Fragezeichentypen (sie liegen
  in der Abbildung genau auf der Diagonalen).
- Je näher ein Typ am „Fragezeichen" (bzw. der entsprechenden
  Diagonalen) liegt und je geringer die Möglichkeit ist, zwischen
  den Charaktertypen zu unterscheiden, desto toleranter ist die
  Person anderen Atemtypen und deren speziellen Verhaltensweisen gegenüber. Solche „Fragezeichen"-Typen zeichnen sich
  durch eine hohe Kommunikations- und Verständnisfähigkeit
  anderen Atemtypen gegenüber aus.

Grundsätzliche Unterschiede zwischen Empfindungs-Denktyp und Denk-Empfindungstyp

Der Empfindungs-Denktyp

Viele der Empfindungs-Denktypen neigen dazu, Wissen regelrecht aufzusaugen. Dieses Wissen haben sie jederzeit und sofort abrufbar abgespeichert. Ihre Umwelt verblüffen sie immer wieder durch ihren enormen Wissensstand.

Der Empfindungs-Denktyp trifft seine Entscheidungen spontan – aus dem Bauch heraus, obwohl er im Moment der Entscheidung in der Regel gar nicht rational begründen kann, warum er die Entscheidung so und nicht anders getroffen hat. Der Denkprozess setzt bei ihm erst ein, wenn er sich für oder gegen eine Sache entschieden hat. Aus dem Bauch heraus getroffene Entscheidungen sind für ihn also absolut typgerecht. Der Empfindungs-Denktyp hält sich an eine einmal getroffene Entscheidung – so spontan sie auch gewesen sein mag.

Wer einen Empfindungs-Denktypen etwa kurzfristig zu einer Reise nach Mailand überredet, der kann sich darauf verlassen, auch tatsächlich mit ihm nach Mailand zu reisen. Die Planung ist für ihn zweitrangig und wird erst im Nachhinein zum Thema. Legt er beispielsweise fest, dass er am Sonntag um 17 Uhr zurückfahren will, wird er daran unter allen Umständen festhalten. Nichts kann seine einmal getroffene Entscheidung dann noch beeinflussen. Veränderungen eines einmal eingeschlagenen Weges sind für ihn wesensfremd. Sollte er doch einmal zu einer Korrektur des eingeschlagenen Kurses gezwungen sein, tut er das äußerst unwillig.

Empfindungs-Denktypen brauchen einen geregelten Lebensablauf. Ihr Tag muss geordnet sein. Wer einen Empfindungs-Denktypen zu einer Entscheidung drängen will, hat einen schweren Stand.

Hat der Empfindungs-Denktyp eine Idee, setzt er sie gerne spontan und mit großer Begeisterung in die Tat um. Erst im Nachhinein wird er sie analytisch durchleuchten. Der Empfindungs-Denktyp braucht Lob wie die Luft zum Atmen. Zwar hinterfragt er die Anerkennung durchaus auf ihre Ernsthaftigkeit, aber er sonnt sich einfach auch gerne darin. Sie tut ihm gut. Vorausgesetzt natürlich, das Lob hat einen aktuellen Bezug, kann konkret eingeordnet werden und ist ehrlich gemeint. Wird er gelobt, neigt auch er zwar manchmal dazu zu denken, dass der andere ihm nur schmeicheln will. Trotzdem genießt er auch das, vorausgesetzt allerdings, Lob und Anerkennung sind aktuell und konkret!

Wenn er Feedback von anderen aktiv einfordert, möchte der Empfindungs-Denktyp erst von seinen Stärken hören. Mögliche Kritik und Verbesserungsvorschläge, falls sie überhaupt erforderlich sind, mag er lieber erst danach vermittelt bekommen.

Viele Empfindungs-Denktypen haben schon von Kindesbeinen an das Gefühl, anders zu sein als andere. Bereits im Kindergarten können sie sich von anderen missverstanden fühlen. Das setzt sich später in der Schule, im Elternhaus oder im sonstigen familiären Umfeld fort. Sie fühlen sich jedoch nicht nur missverstanden – oft sind sie es auch! Immer dann jedenfalls, wenn andere zu wenig Verständnis für ihren speziellen Menschentyp aufbringen und versuchen, dem Empfindungs-Denktypen ihre eigenen Verhaltensweisen überzustülpen.

Der Denk-Empfindungstyp

Denk-Empfindungstypen sind ganz anders. Sie lieben es, zu hinterfragen und zu analysieren, zu planen. Anders als die Empfindungs-Denktypen selektieren sie Wissen bereits bei der Aufnahme. Sie „speichern" nur für sie relevantes Wissen. Dies wiederum haben sie stets abrufbar. Sie können außerdem hervorragend improvisieren: Ihnen reicht beispielsweise oftmals die Gewissheit zu wissen, wo sie eventuell benötigtes Wissen bei Bedarf „finden" können. Ihr Wissen ist also geprägt von der Fähigkeit, „abrufbares" und „auffindbares" Wissen miteinander zu kombinieren.

Denk-Empfindungstypen planen, hinterfragen und denken viel. Manchmal – so empfinden sie das auch selbst – sogar ein bisschen zu viel. Die Denkphasen können dabei zusammenhängend sein oder immer wieder unterbrochen werden, manchmal auch bewusst vor anderen verborgen werden. Denk-Empfindungstypen narren ihre Umwelt manchmal mit wohl durchdachten Entscheidungen, die einen spontanen Eindruck machen. Entscheidungen aus dem Bauch heraus liegen dem Denk-Empfindungstypen tatsächlich überhaupt nicht. Erst wenn er alle Vor- und Nachteile sorgfältig abgewogen hat, wird er sich tatsächlich zu einer Entscheidung durchringen.

Spontan eine Reise übers Wochenende nach Mailand zusagen zu müssen, wäre für den Denk-Empfindungstypen schrecklich. In aller Regel ist sein Wochenende sowieso bereits verplant. Sollte er aber doch Zeit haben, muss er sich erst über eine konkrete Reiseplanung Gedanken machen, bevor er sich entscheidet. Hat er genügend zeitlichen Freiraum, ist es allerdings durchaus möglich, dass er später zurückfährt als ursprünglich geplant. Wenn es für ihn Sinn macht, die getroffene Entscheidung oder Meinung zu verändern, tut er das auch. Er hat ja ausreichend darüber nachgedacht, bevor er zu einer neuen Entscheidung gekommen ist.

Denk-Empfindungstypen bewerten Neues zunächst mit dem Verstand, bevor Gefühle für sie eine Rolle spielen. Hat der Denk-Empfindungstyp jedoch einmal eine Entscheidung getroffen, setzt er sie mit der ganzen ihm zur Verfügung stehenden Energie durch – manchmal kommen deshalb bei ihm Emotionen zu kurz.

Der Denk-Empfindungstyp lässt sich gerne loben. Es tut ihm gut. Wird er gelobt, heißt das für ihn, dass andere seine Leistung (die er ausreichend durchdacht und geplant hat) anerkennen.

Mit direkter Frontalkritik kommt der Denk-Empfindungstyp nicht klar. Wird Kritik aber in eine umfassende Diskussion von Stärken und Schwächen eingebunden, hat er damit keine Probleme. Ihm ist es beim Feedback von anderen in jedem Fall lieber, zunächst etwas über seine Stärken zu erfahren und erst anschließend die Verbesserungsvorschläge des anderen zu hören.

Beispiel: Wolfgang Amadeus Mozart

Mozart, geboren am 27. Januar 1756, war ein Einatmer-Empfindungs-Denktyp. Den Überlieferungen nach lebte er stark die Seite des Empfindens aus. Er komponierte großartige, einzigartige Musik, vernachlässigte aber das Denken. Wie seine Vita zeigt, fiel es dem musikalischen Genie schwer, sein Leben zu organisieren und zu planen.

Welche Auswirkungen die Ich-Betonung hat

Um es gleich vorwegzunehmen: Ich-Betonung darf nicht mit Egoismus verwechselt werden. Ich-Betonung ist der Drang nach Anerkennung und Bestätigung. Je mehr sich ein Einfluss (Sonne oder Mond) der 100-Prozent-Marke nähert, und je größer die Differenz zwischen beiden Einflüssen ist, desto höher ist die Ich-Betonung. Menschen mit hoher Ich-Betonung suchen ständig nach Bestätigung, die sie für ihr Selbstbewusstsein und ihr Selbstwertgefühl brauchen. Sie reagieren äußerst empfindlich, wenn dieser Drang nicht befriedigt werden kann. Eine hohe Ich-Betonung fordert sowohl Anerkennung als auch Zuneigung und Zuwendung von anderen.

Wenn ein im Vertrieb aktiver Mensch mit hoher Ich-Betonung beispielsweise die Erfahrung gemacht hat, dass er sich bei Kunden auf der Beziehungsebene nur durch Witze Anerkennung verschaffen kann, wird er diese Witze immer wieder einsetzen. Dass er dadurch oftmals seine eigene Kompetenz untergräbt, merkt er gar nicht (bzw. will es nicht merken). Er kann erst dann damit aufhören, wenn es von anderen als negativ dargestellt wird und er zugleich auf andere Art und Weise genügend Anerkennung und

Zuwendung bekommt. Kritik, die für sich allein steht, trifft Menschen mit hoher Ich-Betonung hart.

▶ **Wichtig zu wissen** Ein „hochprozentiger Fragezeichen-typ" zeichnet sich ebenfalls durch eine hohe Ich-Betonung aus, die von außen aufgrund seiner hohen natürlichen Toleranz anderen gegenüber allerdings sehr viel schwerer erkennbar ist. Wegen seines „ausgeglichenen" Charakters bekommt er sowieso von allen Seiten viel Zuwendung, dadurch tritt die Ich-Betonung in den Hintergrund.

Natürlich verfügen auch „niedrigprozentige Menschen" über eine Ich-Betonung, allerdings ist sie wesentlich geringer ausgeprägt. Der Drang nach Zuwendung und Anerkennung ist nicht stark ausgebildet. Sie kommen deutlich besser mit direkter Kritik zurecht.

Ebenfalls wichtig: Hat ein Mensch eine nur geringe Ich-Betonung, kann es für ihn wichtig sein, egozentrierter zu leben. Dadurch wird er als Persönlichkeit stärker und hat nicht das Gefühl, „zu gut zu sein für diese Welt".

Kommunikationstypen identifizieren und optimal ansprechen

6

Aus gutem Grund ist das Wörterbuch „Deutsch – Frau, Frau – Deutsch" des Fernsehcomedians Mario Barth ein echter Megaseller geworden, schließlich hat wohl jede/r schon einmal selbst erfahren, wie schnell es zwischen den beiden Geschlechtern zu massiven Kommunikationsproblemen kommen kann! Fakt ist: Man(n) versteht häufig nicht, was Frau will – und Frau versteht nicht, was Man(n) will.

Das wirkt sich logischerweise auch auf die Telefonkommunikation aus – vor allem beim Telefonverkauf! Zahlreiche Missverständnisse sind uns praktisch schon mit unseren geschlechtsspezifischen Genen in die Wiege gelegt worden.

Doch damit nicht genug! Auch soziale Herkunft, Sprechstil und unterschiedliche Dialekte sorgen immer wieder für Kommunikationsprobleme! Vor allem die Dialekte tragen zum Teil enormen kommunikativen „Sprengstoff" in sich. Während „kommunikationsähnliche" Menschen mit gleichem Akzent oder Dialekt meist recht schnell miteinander „können", stoßen Menschen mit stark unterschiedlichen Dialekten (oder Akzenten) immer wieder an Kommunikationsgrenzen. Im schlimmsten Fall gelingt es praktisch gar nicht, komplexere Sachverhalte auszutauschen!

C. Fischer, *Maximale Kundennähe am Telefon*,
DOI 10.1007/978-3-658-02986-9_6,
© Springer Fachmedien Wiesbaden 2013

Verständigungsprobleme zwischen „Vielredner" und „Schweiger"

Mindestens ebenso große Verständigungsprobleme treten auf, wenn ein „Vielredner" auf einen „Schweiger" trifft – oder umgekehrt.

Gegensätze mögen sich zwar manchmal anziehen, beim Erstkontakt am Telefon jedenfalls sind sie für die meisten Menschen eher schwierig zu handhaben.

„Gleich und gleich gesellt sich gern", meint der Volksmund. Und tatsächlich: Telefongespräche mit „kommunikationsähnlichen" Menschen werden von den meisten als wesentlich angenehmer und einfacher empfunden. Die Ähnlichkeit der Kommunikation sorgt für ein deutlich schnelleres Verstehen, schafft Nähe und stellt Vertrauen her.

Zwar sind die Herausforderungen, die entstehen, wenn sich ein Schweizer mit einem Hamburger oder ein Österreicher mit einem Hannoveraner unterhält, durchaus überwindbar (sofern sich beide aufeinander einstellen). Doch die Initiative dafür muss unbedingt vom Anrufer ausgehen, der etwas verkaufen, eine Information erhalten oder einen Termin vereinbaren möchte. Sich um eine gute Verständigung zu bemühen, liegt schließlich in seinem ureigensten Interesse (während die angerufene Person dieses Interesse zunächst meist nicht hat!).

Wie Sie Kommunikationsähnlichkeiten aufbauen

Stellt sich der Anrufer auf den Angerufenen ein, führt er das Gespräch in einen Gleichgewichtszustand, der die Kommunikation sympathisch und angenehm macht. Ziel sollte es jedenfalls sein, Kommunikationsähnlichkeiten zwischen Anrufer und Angerufenem aufzubauen. Bei unterschiedlichen Dialekten oder Akzenten ist das natürlich nicht gerade einfach. Denn nichts wirkt unnatürlicher und peinlicher als der Versuch, einen „fremden" Dialekt nachzuahmen. Besser ist es, die eigene Dialektfärbung zurückzunehmen, um auf diese Weise eine Annäherung an die Sprechweise des anderen zu bewirken.

Etwas einfacher fällt es da schon, andere Kommunikationseigenheiten des Gesprächspartners aufzunehmen und auf die eigene Kommunikation zu übertragen – also zum Beispiel eine besonders bildhafte Sprache oder eine besonders emotionsbetonte Ausdrucksweise. Wem es gelingt, auf dieser Ebene „Kommunikationsähnlichkeiten" herzustellen, der wird wesentlich schneller einen guten Draht zum Gegenüber entwickeln.

Verschiedene Kommunikationstypen

Voraussetzung ist allerdings, dass der Anrufer die Sprache und die Sprachmuster des Angerufenen „erkennt" und zu deuten versteht. Entscheidend dafür ist neben der individuellen Fachkompetenz und der jeweiligen Eloquenz vor allem die Frage, um welchen Kommunikationstyp es sich bei dem jeweiligen Gesprächspartner denn nun handelt: um einen **Augenmenschen** (visueller Typ), einen **Ohrenmenschen** (auditiver Typ) oder einen **Gefühlsmenschen**.

Spricht ein auditiver Typ beim Erstkontakt am Telefon zum Beispiel einen visuellen Typen an, ohne dessen Denk- und Sprachmuster zu erkennen und seine eigenen darauf abzustimmen, passiert es schnell, dass das Gespräch in einer Sackgasse endet. Schließlich möchte der kontaktierte Augenmensch etwas „sehen", sonst fehlen ihm „Einblick" und „Durchblick". Im Zweifelsfall fordert der visuelle Typ entsprechende Informationen sogar aktiv an: „Haben Sie da nicht eine Broschüre, in der ich mir das alles noch einmal in Ruhe ansehen kann?" Das Problem dabei: Was für den visuellen Typen eine „offensichtliche" und völlig logische Reaktion ist, führt beim auditiven Typen zu großer Verwirrung. Ihm selbst reichen akustische Signale zur Meinungsbildung völlig aus – er braucht keine optischen Zusatzelemente. Er „hört" für sich dann unter Umständen aus einem solchen Wunsch stattdessen heraus, dass er abgewimmelt werden soll.

Ähnlich kompliziert kann die Kommunikation allerdings auch zwischen „Gefühlsmenschen" und „Augenmenschen" oder zwischen „Ohrenmenschen" und „Gefühlsmenschen" verlaufen. Während der eine „fühlt", dass da etwas zwischen den beiden Gesprächspartnern steht, „sieht" der andere nicht, worin denn nun der konkrete Vorteil liegt oder „hört" unter Umständen keine überzeugenden Argumente.

Wie anders sind da die Voraussetzungen, wenn es ein Ohrenmensch mit einem Ohrenmenschen zu tun hat! Beiden reicht das Hören und Zuhören zur umfassenden Verständigung vollkommen aus. Deshalb fordert ein von einem Ohrenmenschen kontaktierter Ohrenmensch auch praktisch nie eine Broschüre an! Ein oder mehrere Telefonate reichen meist völlig aus, um sich über einen zu klärenden Themenpunkt zu verständigen. Selbst ein umfassender Verkaufsabschluss erfolgt meist – Interesse, Bedarf und Sympathie vorausgesetzt – am Telefon. Beide Gesprächspartner haben eben die gleiche (auditive) Wahrnehmung, sprechen die Sprache des „Ohrs", hören, ob die „Wellenlänge" passt, ... ob Produkt und Verkäufer glaubwürdig klingen.

Was tun, wenn die Typen nicht übereinstimmen?

Wichtig ist es zunächst einmal, überhaupt zu erkennen, ob die eigenen Denk- und Sprechmuster mit denen des Gesprächspartners übereinstimmen – ob also Anrufer und Angerufener dem gleichen Kommunikationstypus angehören. Dreh- und Angelpunkt dafür ist echtes Interesse am anderen und die ehrliche Bereitschaft, sich auf den anderen einzustellen. Auch wenn es vordergründig um den Informationsaustausch geht – was wirklich zählt, ist das Kommunikationsgefühl, das stimmen muss.

Das notwendige Vertrauen zwischen zwei Gesprächspartnern entwickelt sich, wenn für die angerufene Person spürbar wird, dass sich der Anrufer ganzheitlich um einen „persönlichen Draht" bemüht. Kommunikationsähnliche Strukturen sind wichtige (aber eben nicht die einzigen) Aspekte, die es dabei zu beachten gilt.

Doch wie gelingt es denn nun ganz konkret, den Denk- und Sprechtyp des Gesprächspartners zu erkennen?

Wie Sie Sprachsignale des Kunden erkennen – und typgerecht agieren

Visuelle Gesprächstypen

Visuelle Gesprächspartner denken und sprechen in Bildern. Sie möchten sich „ein Bild machen" – etwas „sehen", bevor sie sich entscheiden. Die meisten visuellen Typen sprechen schnell bis sehr schnell. Kunden (oder potenzielle Kunden) dieses Typs neigen dazu, nach kurzer Zeit schriftliche Unterlagen zu verlangen und/oder bei verstärktem Interesse einen Termin zu vereinbaren, um etwas persönlich „in Augenschein" zu nehmen.

Wie Sie mit Augenmenschen typgerecht umgehen:

- Sprechen Sie visuelle Ansprechpartner in Bildern an. („Der Weg führt steil bergan ...", „... es verdichtet sich auf einen einzigen Punkt ..." etc.).
- Sprechen Sie in kurzen Sätzen.
- Nutzen Sie idealerweise das Internet als Visualisierungshilfe, indem Sie sich während des Telefonats gemeinsam mit Ihrem Gesprächspartner auf Ihrer Homepage bewegen. Vermitteln Sie ihm dort in einfachen, chronologischen Schritten die wichtigsten Details, die Sie besprechen oder abstimmen wollen.
- Senden Sie Ihrem Gesprächspartner nach dem Telefonat eine kurze Zusammenfassung der wichtigsten Themenpunkte und ergänzen Sie diese gegebenenfalls durch optische Hilfselemente (Grafiken, optische Hervorhebungen etc.).
- Beim Versand von Unterlagen, Auftragsbestätigungen oder sonstiger Korrespondenz achten Sie bitte unbedingt auf Folgendes: Beim Augenmensch spielt die Optik von Unterlagen eine enorm große Rolle. Erfragen Sie deshalb unbedingt, in

welcher Form Ihr Gesprächspartner die Unterlagen erhalten
möchte: per Fax, Mail oder per Post.

Auditive Gesprächstypen

Der auditive Gesprächspartner ist während des eigentlichen Telefongesprächs sicherlich der anspruchsvollste Typ, weil für ihn das
Gespräch an sich allerhöchste Bedeutung hat. Er hört sich die
Argumente genau an und stellt meist sehr zielgerichtete Fragen.
Alles, was er hört, beeinflusst ihn stark – also die Stimme des Anrufers an sich, die jeweilige Wortwahl und auch Hintergrundge-
räusche. Diese werden von auditiven Gesprächstypen meist als
sehr störend wahrgenommen (Beispiel: laut gestelltes Radio, im
Hintergrund sprechende Kollegen), weil sie ihn vom Gespräch
ablenken.

Wie Sie mit Ohrenmenschen typgerecht umgehen:

• Sprechen Sie akzentuiert und mit ausgeprägter Modulation der
  Stimme.
• Machen Sie während des Sprechens immer wieder Pausen.
• Achten Sie besonders auf die Gesprächsgeschwindigkeit Ihres
  Telefonpartners. Sprechen Sie lieber eine Nuance langsamer als
  zu schnell. Am besten, Sie passen Ihr Sprechtempo exakt dem
  des Gesprächspartners an.

Der Gesprächstyp des Gefühlsmenschen

Der Gefühlsmensch nimmt Gespräche in erster Linie über Gefühle und Empfindungen wahr. Er möchte beispielsweise ein Angebot „fühlen" – falls möglich auch anfassen. Sein Sprechtempo
ist tendenziell langsam. Für atmosphärische Störungen hat er eine
feine „Antenne".

Wie Sie mit Gefühlsmenschen typgerecht umgehen:

- Stellen Sie besonders viele offene und motivierende Fragen.
- Beschreiben Sie Ihr Anliegen oder Angebot (Material, Form, technische Merkmale, Leistung) so detailliert, dass möglichst viele Sinne dadurch angesprochen werden.
- Falls möglich, versenden Sie Muster: Der Gefühlsmensch liebt solche Muster, die er anfassen und befühlen kann.
- Nutzen Sie das Internet dazu, den Wunsch des Kunden, etwas „anfassen" zu können, zumindest teilweise zu befriedigen. Lassen Sie ihn möglichst „fühlen", wie gut Ihr Produkt ist – z. B. mit Hilfe einer multimedialen Dokumentation, durch die Sie ihn per Telefon führen.

Positiver Nebeneffekt der Internetnutzung während eines Telefonats: Dadurch, dass über alle drei „Kanäle" kommuniziert werden kann, lassen sich alle Typen gleichermaßen gut erreichen bzw. einbinden. Der jeweilige Gesprächspartner hört, sieht und fühlt (zumindest im übertragenen Sinn) das, was ihm vermittelt werden soll. Und ganz nebenbei schließen Sie dadurch auch noch aus, dass er sich während des Gesprächs am PC mit anderen Dingen beschäftigt – zum Beispiel E-Mails beantwortet.

Für jeden das Richtige (Tab. 6.1)

Die richtigen Fragen für jeden Gesprächstyp

Mit den „richtigen" Fragen lassen sich zu allen Kommunikationstypen tragfähige Gesprächsbeziehungen aufbauen. Gerade beim Telefongespräch mit einem unbekannten Partner empfiehlt es sich deshalb, verstärkt wirklich wichtige Fragen zu nutzen, die vordergründig weg von der Person des Gesprächspartners führen und trotzdem hohe Relevanz für ihn haben.

Vorteile: Der Gesprächserfolg ist dadurch typunabhängig. Das
heißt: Jeder Typ wird garantiert auf „seinem" Kanal angesprochen
– völlig unabhängig davon, ob er (oder sie) visuell, auditiv oder
gefühlsorientiert „geprägt" ist.

Zudem geben wirklich wichtige Fragen Ihrem Gegenüber Zeit,
um über einen Sachverhalt nachzudenken, und Ihnen die Möglichkeit, während des Gesprächs seinen/ihren Kommunikationstyp zu ergründen.

Besonders bewährt haben sich dabei vor allem folgende Fragen.

- **Die Referenzfrage:** *„Herr Kunde, wenn Sie an <Vorteile 1 + 2>*
  des <Produkts A> denken, von dem Sie ja begeistert sind … Wer
  fällt Ihnen denn da spontan ein, wer freut sich, wenn Sie an ihn
  denken – für wen ist es aus Ihrer Sicht auch interessant?"
- **Die Terminfrage:** *„Herr Kunde, wie finden Sie es, die genau-*
  eren Details zu <Leistung> in einem gemeinsamen Gespräch zu
  besprechen? Wie sieht es nächste Woche Dienstagnachmittag bei
  Ihnen aus?"
- **Die Zusatzansprechpartnerfrage:** *„Herr Kunde, welche Perso-*
  nen aus Ihrem unternehmerischen Umfeld fallen Ihnen noch ein,
  für die Sie finden, sie sollten aus Ihrer Sicht beim nächsten ge-
  meinsamen Termin auch mit eingebunden werden?
- *Diese Frage sollten nach Beantwortung der ersten gestellt werden,*
  am besten verknüpft durch ein Lob: „Herr Kunde, Sie sind ja be-
  geistert/absolut überzeugt und würden am liebsten heute schon
  beginnen … was ist denn Ihrer Einschätzung nach für Herrn XY
  an dem Thema … besonders wichtig/relevant? (Antwort abwar-
  ten.) Und was ist Herr XY überhaupt für ein Mensch?"

Tab. 6.1 Typische Redewendungen und Wortkombination der drei Kommunikationstypen – und wie darauf reagieren

Visueller Typ	
Verhalten	Spricht bildlich, schnelles Sprechtempo, möchte etwas „sehen"
Worte	Sehen, ansehen, erkennen, erscheinen, sichtbar, offensichtlich, Ansicht, Einblick, Erscheinungsbild, Aussehen, Layout, Überblick
Redewendungen	Aus meiner Sicht … Ich sehe das …
	Das sieht gut aus … Das sieht nicht aus … … ins Auge fassen … … von Angesicht zu Angesicht … … alles im Blick haben … … schwarz sehen … … rot sehen … … im grünen Bereich … … grünes Licht geben …
… und so gehen Sie auf diesen Gesprächstyp ein:	
Argumentation	Die offensichtlichen Vorteile für Sie sind… (Und falls Sie das Internet einsetzen können: Sie sehen, XY hat für Sie Vorteil 1 und Vorteil 2 …)
Bestätigung	Herr Kunde, ich teile Ihre Ansicht. Sie sehen das genauso wie ich.
Fragestellungen	Wie sehen Sie das? Was halten Sie davon, sich die wichtigsten Details persönlich anzusehen? Wie sieht es bei Ihnen am Montagnachmittag aus? Sehe ich das richtig: Sie meinen also …?
Auditiver Typ	
Verhalten	Anspruchsvoller Gesprächspartner, hört jedes Wort und jedes Argument, selbst kleinste Nuancen …
Worte	Hören, klingen, zustimmen, sagen, sprechen, informieren,denken, Wort, Einklang, Klang, Musik …
Redewendungen	Meiner Meinung nach … Beim Wort nehmen … Das Gras wachsen hören … Klingt wie Musik in meinen Ohren … mit Ihren Zielen in Einklang bringen … … Wort für Wort durchsprechen …

Tab. 6.1 (Fortsetzung)

	... und so gehen Sie auf diesen Gesprächstyp ein:
Argumentation	Das Beste, was Sie gleich über <Produkt> hören, sind Ihre Vorteile. Sie sichern sich vor allem ...
Bestätigung	Was Sie sagen, hört sich gut an. Das klingt gut.
Fragestellung	Was sagen Sie dazu? Wie ist Ihre Meinung dazu? Wie klingt das für Sie? Wie hört sich das Angebot für Sie an? Höre ich richtig heraus – Sie meinen ...?

Gefühlsmensch	
Verhalten	Der Gefühlsmensch möchte spüren, fühlen, anfassen, probieren ...
Worte	Finden, empfinden, spüren, fühlen, spürbar, riechen, schmecken, Gefühl, Empfinden ... der Kinästhet spricht insgesamt sehr körper- und sinnesorientiert!
Redewendungen	Ich finde ... Ich habe ein gutes Gefühl ... Ich habe ein schlechtes Gefühl ... Hand und Fuß haben ... macht mir Kopfschmerzen ... ... macht mir Bauchschmerzen ... ... einen Standpunkt haben oder vertreten ...

	... und so gehen Sie auf diesen Gesprächstyp ein:
Argumentation	Die spürbaren Vorteile sind ... Das <Produkt> hat Hand und Fuß ...
Fragestellung	Wie finden Sie das? Wie empfinden Sie das?

Der richtige Einstieg

Wie erfolgreich (oder auch nicht) ein Telefongespräch verläuft, hängt von vielen Faktoren ab. Entscheidend aber ist: Ihnen bleiben insgesamt gerade einmal 20 bis 30 s Zeit, um bei Ihrem Gesprächspartner einen ersten Eindruck von sich, Ihrem Unternehmen und Ihrem Anliegen zu vermitteln – und dieser Eindruck lässt sich später faktisch nicht mehr revidieren.

Das bedeutet: Gelingt es Ihnen, in dieser Zeit gut „rüberzukommen", haben Sie perfekte Voraussetzungen, Ihr Gesprächsziel zu erreichen. Wenn nicht, sind alle noch so ausgeklügelten Argumentationsketten und rhetorischen Kniffe meist völlig umsonst! Entscheidend ist deshalb eine perfekte Begrüßung!

Die wichtigsten Tipps zur Begrüßung im Überblick:

- Begrüßen Sie Ihren Gesprächspartner langsam und deutlich. Es ist äußerst ungeschickt, wenn Ihr Gegenüber nachfragen muss, mit wem er denn eigentlich spricht.
- Lächeln Sie. Die dadurch erzeugte Atmosphäre vermittelt sich Ihrem Gesprächspartner sehr deutlich!
- Begrüßen Sie Ihren (und jeden anderen) Ansprechpartner – falls irgend möglich – mit Namen. Dadurch bekommen Sie die deutlich mehr Aufmerksamkeit und Ihr Gegenüber nimmt sich garantiert eher die Zeit, sich auf das Gespräch mit Ihnen einzustellen. Zusatz-Tipp: Falls Sie im Laufe des Telefonats mit weiteren Personen sprechen, sollten Sie diese ebenfalls mit Namen ansprechen. Sollten Sie deren Namen nicht kennen oder nicht verstehen, unbedingt sofort nachfragen – zu einem späteren Zeitpunkt wirkt dies wesentlich unhöflicher!
- Sich selbst stellen Sie unbedingt mit komplettem Namen vor. Hier gilt: erst der Vorname, dann der Zuname.

Durch Nennung des Vornamens und Nachnamens geben Sie dem Gespräch eine besondere, persönliche Note, außerdem prägt sich der Name besser ein und ist unverwechselbarer.

- Achten Sie bei jedem Telefonat auf die Corporate Identity (CI) Ihres Unternehmens: Stimmen Sie sich am besten auch mit Kollegen darüber ab, welche Formulierung am Telefon gewählt werden soll. Rechtsformen wie AG oder GmbH & Co. KG brauchen nicht genannt zu werden. Von zu langen Begrüßungsformeln ist abzuraten.

Ganz entscheidend: Versuchen Sie schon während der ersten Sätze herauszufinden, was für ein Telefontyp Ihr Gegenüber ist, falls Sie ihn (oder sie) noch nicht kennen. Sobald Ihnen klar ist, ob Sie es mit einem visuellen, auditiven oder gefühlsorientierten Menschen zu tun haben, gilt es durch entsprechend ausgerichtete Satzelemente eine Verbindung zu ihm (oder ihr) aufzubauen.

„... vor kurzem gesehen ..."

„... davon gehört ..."

„... ein gutes Gefühl ..."

Der Satz zur Sache

Dreh- und Angelpunkt jedes ausgehenden Telefongesprächs ist (nach der Begrüßung) der sogenannte „Satz zur Sache". Vereinfacht dargestellt geht es dabei darum, den jeweiligen Gesprächspartner in möglichst kurzer Zeit zu „fesseln" und durch eine geschickt gewählte Formulierung davon zu überzeugen, dass er oder sie Nutzen daraus ziehen wird, wenn das Gespräch fortgesetzt wird.

Falls Ihr jeweiliger Gesprächspartner Sie noch nicht kennt gilt es natürlich zunächst einmal, dass Sie sich und das repräsentierte Unternehmen vorzustellen. Darüber hinaus ist es äußerst hilfreich, wenn Ihr Gegenüber weiß, welche Vorteile Sie ihm bieten. Insofern bieten sich ein (besser zwei) „Nutzenvorgriffe"an – die dem auf diese Weise neugierig gemachten Gesprächspartner gegenüber im weiteren Verlauf des Gesprächs dann mit „Leben" erfüllt werden.

Warum zwei „Nutzenvorgriffe"?

Trotz bester Vorbereitung auf ein Gespräch: Es lässt sich nie 100-prozentig voraussehen, ob ein vermuteter Nutzen vom jeweiligen Gesprächspartner auch tatsächlich als Nutzen wahrgenommen wird. Mit zwei Nutzenvorgriffen erhöhen Sie also die Chance, dass zumindest einer davon „ins Schwarze trifft"!

Und noch ein Tipp: Die meisten Menschen sind es gewohnt, Aussagen ich/wir-bezogen zu formulieren („Wir können Ihre Response-Rate um mindestens 28 % erhöhen ..."). Deutlich besser kommt dieselbe Aussage allerdings an, wenn Sie den gleichen Inhalt Sie-bezogen formulieren: „Mit XY erhöhen Sie Ihre Response-Rate um mindestens 28 %."

▶ **Wichtig zu wissen** Logischerweise sollte auch Ihr Satz zur Sache typgerecht formuliert werden – abhängig davon, ob Sie es mit einem visuell, auditiven oder gefühlsorientiert geprägten Menschen zu tun haben.

Kurz & knapp:

1. Wählen Sie eine kurze, konkrete Formulierung.
2. Formulieren Sie kundenorientiert – Sie-bezogen.

3. Verwenden Sie zwei Nutzenvorgriffe als Türöffner für das nachfolgende Gespräch.
4. Kalibrieren Sie Wortwahl und Sprachstil zugunsten Ihres Ansprechpartners.

Und danach?

Nach dem Satz zur Sache stellen Sie unbedingt eine Frage an Ihren Partner, um das Gespräch „am Laufen" zu halten. Tatsächlich kommen viele Gespräche ohne solch eine Frage nach dem 20- bis 30-sekündigen Einstieg ins Stocken. Durch eine Frage wird der Gesprächspartner in den Kommunikationsprozess eingebunden – schließlich gilt es ja, die Frage zu beantworten! Beachten Sie dabei Folgendes:

- Formulieren Sie die Frage zielorientiert, d. h. meistens „offen". (Nach einem „Nein" lässt sich ein Gespräch oftmals nur schwer fortsetzen!)
- Die Frage sollte weder zu sehr fokussieren noch provozieren. (Eine provozierende Frage fordert eine harsche oder abweisende Antwort geradezu heraus!).
- Arbeiten Sie mit Sie-bezogenen Fragen, wenn Sie Ihren Ansprechpartner positiv in den Vordergrund stellen möchten.
- Wenn möglich, formulieren Sie die Frage typgerecht („Wie sieht es mit Thema XY aktuell aus? Welche Vorteile sprechen Sie besonders an? Welche Vorteile (emp)finden Sie als besonders bedeutend?")

Übung

Am besten, Sie üben diese entscheidenden ersten Sekunden einmal fürunterschiedliche Gesprächssituationen. Folgende Tabelle kann Ihnen dabei als Hilfestellung dienen (bitte unbedingt **schriftlich** formulieren!):

Begrüßung:

---

1. Satz zur Sache: Neukunden-Akquisition (Direktabschluss)

Eingangsfrage

Antwort auf die Frage „Worum geht's?"

---

2. Satz zur Sache: Neukunden-Akquisition(Qualifizierte Terminvereinbarung)

Eingangsfrage

Antwort auf die Frage „Worum geht's?"

---

3. Satz zur Sache: Neukunden-Akquisition (Empfehlung)

Eingangsfrage

Antwort auf die Frage „Worum geht's?"

---

4. Satz zur Sache: Bestandskunden-Akquisition (Zusatzverkauf)

Eingangsfrage

Antwort auf die Frage „Worum geht's?"

5. Satz zur Sache: Nachfassen von Angeboten

Eingangsfrage

Antwort auf die Frage „Worum geht's?"

Beispiele für eine strukturierte Gesprächsführung sind in den Tabellen 6.2 und 6.3 dargestellt. Weitere Ausführungen dazu finden Sie in meinen Büchern „Telefonsales" (2010) und „Telefonpower" (2010).

Tab. 6.2 Strukturierte Gesprächsführung im Akquise-Telefonat

Ziel: Direktabschluss am Telefon

... im Erstgespräch	... beim Nachfassen
Vorbereitung/Erarbeiten eines Leitfadens	
• Zielsetzung • Erstellung Leitfaden (Satz zur Sache + erste Fragen)	• vgl. Erstgespräch
1) Positiver Gesprächseinstieg	
• Entscheiderkontrolle • Satz zur Sache (Vorstellung, Grund des Anrufs, Kundennutzen) • offene Einstiegsfrage	• ggf. kurzer Smalltalk • Satz zur Sache (Bezug zum letzten Gespräch, Ansprechen der Vereinbarung, Wiederholung Kundennutzen) • offene Einstiegsfrage
2) Benefit-Analyse	
• Bedarfsanalyse • Kundenwünsche • Entscheidungskriterien	• Erfragen der Kundenmeinung • Klärung offener Fragen
3) Nutzenargumentation (2 bis 3 Mal)	
• Präsentieren des Angebots • Darstellung Kundennutzen • Erfragen der Kundenmeinung	• vgl. Erstgespräch
4) Einwandbehandlung (2 bis 3 Mal)	
• Kontern durch Lob • Überleiten + Kundennutzen • Weitersteuern (Fragen)	• vgl. Erstgespräch
5) Abschlusstechnik/Zielvereinbarung	
• Sammeln von Kaufsignalen • Abschluss- bzw. Vorverkaufsabschlussfrage(n)	• vgl. Erstgespräch • Bei mehrfachen Gesprächen ohne Abschluss: Gewissensfrage
6) Benefit Sales (Weg zum Gesprächsabschluss)	
• Klärung offener Fragen • Ermittlung Zusatzbedarf • Empfehlungsmarketing	• vgl. Erstgespräch
7) Verbindlicher Gesprächsabschluss.	
• Positive Zusammenfassung • Konkreter Verbleib (Telefontermin, Mail-Termin) • Aufforderung zur Tat • Prinzip der Entscheidungssicherheit	• vgl. Erstgespräch

Tab. 6.3 Strukturierte Gesprächsführung im Eingangstelefonat

Positiver Start	Freundliche, professionelle Begrüßung
	Nochmaliger Gruß mit persönlicher Anrede *oder* Bestätigung des Anrufgrunds, Erfragen des Anrufernamens plus persönliche Anrede
	Hilfeangebot bei „Schweigern"
Hauptteil	Klärung von Kundenwünschen/Fragen
Der Weg zum Ende	Datenpflege/Adressprüfung (z. B. Schreibweise des Namens, Rufnummer für Rückruf, Erreichbarkeit)
	Offene Frage nach weiteren Wünschen
	ggf. Zufriedenheitsabfrage
Positives Ende	Positive Zusammenfassung
	Konkreter Verbleib/Aufforderung zur Tat
	Dank, Verabschiedung
Gesprächsnotiz	Datum, Uhrzeit, Name
	Anrufername, Firma
	Grund des Anrufs
	Rückrufnummer, Erreichbarkeit, Verbleib
	Priorität
	ggf. Stimmung des Anrufers

Entwickeln Sie Ihre Sensitivität! 7

Viele Menschen spüren bereits beim Betreten eines Raumes, was für eine Atmosphäre dort herrscht. Sie nehmen einfach die jeweilige Stimmung wahr – teilweise sogar, ohne sich bewusst darauf zu konzentrieren und ohne erkennbare äußere Zeichen für solch eine Einschätzung. So etwas ist möglich. Wir alle haben schon diese Erfahrungen gemacht. Entweder weil wir selbst ein derartiges „Gespür" entwickelt haben oder weil wir andere dabei beobachten konnten. „Sensitive Wahrnehmung" nennen Experten diese Fähigkeit – die allerdings fast ausschließlich im Privatleben eingesetzt wird. Im Geschäftsleben vertraut kaum jemand auf entsprechende Fähigkeiten. Warum eigentlich nicht? Es würde sich in vielen Fällen durchaus lohnen …

Was bedeutet „Sensitivität" ganz konkret?

Das Wort Sensitivität kommt aus dem Lateinischen (sentire = empfinden, fühlen) und lässt sich am ehesten mit „Feinfühligkeit" übersetzen. Konkret beschreibt der Begriff die Fähigkeit, Informationen außerhalb der üblichen Sinnesbereiche aufzunehmen – zum Beispiel als erweitere Wahrnehmung. Manchmal wird diese Begabung auch etwas abfällig als „Hellfühlen", „Hellhören" oder auch „Hellsehen" bezeichnet. Tatsächlich hat diese Art des „Hellsehens" jedoch überhaupt nichts mit der Scharlatanerie schlech-

C. Fischer, *Maximale Kundennähe am Telefon*,
DOI 10.1007/978-3-658-02986-9_7,
© Springer Fachmedien Wiesbaden 2013

ter Wahrsager gemeinsam. Stattdessen geht es um das sekunden-
schnelle Einfühlen in andere, also um das, was heute auch als
„Empathie" bezeichnet wird.

Dabei entstehen im Kopf innerhalb kürzester Zeit Empfindungen oder auch konkrete Bilder. Manchmal auch beides zugleich.
Experten haben unterschiedliche Ansichten darüber, ob jeder
Mensch eine sensitive Veranlagung hat. Es wird angenommen,
dass die Anzahl von Menschen mit sensitiver Veranlagung derzeit
zunimmt.

Wer sind die Menschen mit sensitiver Veranlagung?

Personen mit sensitiver Veranlagung sind Menschen wie Sie und
ich. Sie arbeiten in den unterschiedlichsten Berufen und fallen oft
gar nicht besonders auf. Dabei ist Sensitivität eine Begabung, die
es absolut wert ist, gefördert zu werden. Insbesondere bei Menschen, die viel telefonieren …

> ▶ **Wichtig zu wissen** Gerade für Sie als Vieltelefonierer
> lohnt es sich, diese Fähigkeit zu trainieren!

Lassen Sie sich überraschen, welch bemerkenswerte Ergebnisse
Sie durch ein paar einfache Übungen erzielen können. Einige der
nachfolgenden Übungen können Sie direkt auf Ihre Telefonate
übertragen, andere dienen zunächst einmal dazu, Ihre Wahrnehmung zu sensibilisieren. Damit erreichen Sie, dass Sie noch auf-
merksamer, „wacher" und konzentrierter in Ihrer Wahrnehmung
werden.

Vielleicht fragen Sie sich: „Wahrnehmung sensibilisieren – geht
denn das überhaupt? Und falls ja – auch am Telefon mit teilweise
völlig fremden Menschen?" Meine Antwort darauf: „Ja, es geht!"

Ob es gelingt, sich „empathisch" auf einen Telefonpartner einzustellen, hängt vor allem von der Offenheit gegenüber dem Thema ab – und davon, wie „gut" diese Fähigkeit trainiert wurde. Na-

türlich gibt es stärker oder schwächer ausgeprägte Talente. Aber mit entsprechender Übung lässt sich auch von weniger Talentierten viel erreichen!

Welche Voraussetzungen brauchen Sie, um Ihre Sensitivität zu erhöhen?

Entscheidend ist, dass Sie bereit sind, sich auf neue Erfahrungen einzulassen, und dem Ganzen positiv gegenüberstehen. Denn gerade zu Beginn der Auseinandersetzung mit diesem Thema wird Ihnen möglicherweise manches seltsam vorkommen. Durch entsprechendes Üben werden Sie allerdings sehr rasch feststellen, dass Sie Ihr bisheriges Telefonverhalten bereichern, auch wenn das zunächst einmal bedeutet, im Vorfeld der Gespräche den Umfang der Gesprächsvorbereitung zu erweitern. Die Zeit, die Sie im Vorfeld brauchen, kommt Ihnen mit entsprechender Praxis schnell wieder zugute. Voraussetzung ist, dass Sie sich Ihrer selbst bewusst sind. Nur so lassen sich Interpretationen und Projektionen vermeiden.

▶ **Wichtig zu wissen** Grundsätzlich macht das Einfühlen in andere Menschen nur dann Sinn, wenn Sie wirklich an diesen Menschen interessiert und offen für deren Ansichten sind.

Durch eine geeignete Vorbereitung können Sie sich auf bevorstehende Telefonate optimal einstimmen. Alles, was Sie dafür brauchen, sind Ruhe und Konzentration. Mit einer Mischung aus Eloquenz, Zielorientierung und Einfühlungsvermögen lassen sich erstaunliche Gespräche führen, die Ihre Kundenbeziehungen entscheidend fördern werden.

▶ **Wichtig zu wissen** Möchten Sie als Telefonprofi mehr erreichen, ist Empathie der Schlüssel zum Erfolg. Und diese Empathie können Sie trainieren.

Nachfolgend lernen Sie Übungen kennen, mit denen Sie anhand von Farben Ihr Einfühlungsvermögen steigern können. Das mag Ihnen womöglich eigenartig erscheinen, weil dabei zunächst kein Zusammenhang mit dem Telefonieren erkennbar ist. Bitte haben Sie Geduld, wenn Sie nachhaltig Erfolg haben möchten – mit Hilfe dieser Übungen entwickeln Sie die notwendigen Grundfähigkeiten, die Ihnen das professionelle Telefonieren entscheidend erleichtern werden. Üben und wiederholen Sie die einzelnen Übungen am besten so oft, bis Sie spüren, dass Sie diese sicher beherrschen.

Bevor Sie jetzt starten, nehmen Sie sich bitte zuerst kurz Zeit für folgende Checkliste. Denn: Hand aufs Herz … Wie stark vertrauen Sie bereits auf Ihr Gefühl und Ihr Einfühlungsvermögen? Sind Sie im Innersten tatsächlich überzeugt, dass es möglich ist, sich in andere einzufühlen? Oder schwingen da gewisse Zweifel oder gar Ängste mit …? Prüfen Sie ganz selbstkritisch Ihre momentane Einstellung (Tab. 7.1).

Und …? Bemerken Sie erste Zweifel an Ihrer Bereitschaft, sich auf die Möglichkeiten der Empathie einzulassen? Hat sich Ihr „innerer Schweinehund" gemeldet, der Sie daran hindert, entsprechende Fähigkeiten zu nutzen?

Oder sind Sie eine/r der wenigen Glücklichen, die an sich und ihr Einfühlungsvermögen glauben? Die auf ihr Gefühl vertrauen und die Chance einer positiven Weiterentwicklung sehen?

Glückwunsch! Und falls das (noch) nicht so ist, trösten Sie sich: Zweifel und Ängste sind menschlich, allzu menschlich. Und sie können behoben werden. Wichtig ist nur, dass Sie die Notwendigkeit dafür erkennen.

Übungen für Telefon-Profis

Bevor Sie gleich mit Ihrer ersten Übung starten, denken Sie bitte daran, sich selbst wahrzunehmen, zu differenzieren (siehe Kap. 2) und für Ruhe zu sorgen, sodass Sie sich voll und ganz darauf einstellen können.

Tab. 7.1 Checkliste – Wie stark vertrauen Sie auf Ihr Gefühl?

Schätzen Sie Ihr Einfühlungsvermögen, Ihre Wahrnehmung und Ihr Interesse an anderen Menschen ein …	*Ja*	*Teilweise*	*Nein*
Häufig nehme ich mir zu wenig Zeit für die Gesprächsvorbereitung			
Wenn ich einen Raum mit Menschen betrete, spüre ich sofort, wie die Stimmung ist			
Beim Betreten eines leeren Raumes spüre ich, in welcher Atmosphäre das letzte Gespräch darin geführt wurde			
Ich traue mich nicht, mich auf mein Gefühl zu verlassen			
Ich glaube nicht, dass es möglich ist, sich in andere einzufühlen			
Ich vertraue oft auf mein Gefühl und folge meiner Intuition			
Eine schriftliche und mentale Vorbereitung auf zu führende Telefonate würde in meinem Geschäftsumfeld eher belächelt werden			
Ich schließe oft von mir auf andere. Wenn ich etwas nicht mag (z. B. auf dem Handy angerufen zu werden), kontaktiere ich auch andere nicht auf ihrem Handy			
Ich stelle es mir schwierig vor, mich in Kunden einzufühlen, die ich kaum oder wenig kenne.			
Ich denke, dass meine Kollegen ablehnend reagieren, wenn ich mein Einfühlungsvermögen fürs Telefonieren trainiere			
Ich lasse andere Menschen nicht gerne an mich heran			
Ablehnung nehme ich persönlich. Vieles empfinde ich als Angriff			

Tab. 7.1 (Fortsetzung)

Schätzen Sie Ihr Einfühlungsvermögen, Ihre Wahrnehmung und Ihr Interesse an anderen Menschen ein ...	Ja	Teilweise	Nein
Ich weiß, dass mich meine Gesprächspartner als Mensch schätzen			
Ich interessiere mich für meine Kunden und führe interessante Gespräche mit ihnen			
Zu den meisten Kunden habe ich eine freundschaftliche Kundenziehung			
Meine sensible Art ermöglicht es mir, Stimmungen wahrzunehmen, ohne sie zu interpretieren			

Übung: Wie Sie sich auf Gespräche mit Ihnen bekannten Ansprechpartnern vorbereiten

• Schriftliche Vorbereitung

Bereiten Sie sich gründlich auf Ihre Telefonaktion vor. Definieren Sie Ihre Ziele schriftlich und so genau wie irgend möglich. Legen Sie den Zeitplan fest. Klären Sie also für sich, welche Ziele Sie erreichen möchten: Zusatzverkauf von Produkt oder Dienstleistung, Zufriedenheitsbefragung, Generierung von Empfehlungskontakten innerhalb des Unternehmens Ihres Kunden, Abfrage von Referenzadressen etc.

• Visuelle Unterstützung

Für „Augenmenschen" Pflicht, für alle anderen hilfreich: Das in Reichweite des Telefons liegende, gut sicht- und lesbare Telefonskript. Außerdem nützlich: Unternehmensunterlagen (Imagebroschüre, Produktbroschüre etc.) aller Art – diese vermitteln „thematische Sicherheit". Damit gelingt es Ihnen, noch souveräner, sympathischer und überzeugender zu wirken.

• Mentale Vorbereitung auf den Ansprechpartner

Die Vorbereitung und das Training „professioneller Telefonierer" sind denen von Profi-Sportlern durchaus ähnlich. Sportler setzen sich auf ihrem Weg zu großen Saisonzielen Etappenziele, auf die sie hin trainieren – zunächst mental, dann physisch. Übertragen auf das Telefonmetier bedeutet das für Sie: Bereiten Sie sich auf das Gespräch vor, indem Sie Ihren Ansprechpartner visualisieren. Stellen Sie sich diesen also im Kopf vor. Falls Sie eine Visitenkarte oder zum Beispiel ein Internetfoto Ihres Gesprächspartners haben, nutzen Sie dieses als Hilfsmittel. Die Darstellung des Gesichts vermittelt entscheidende Informationen über einen Menschen und hilft dabei, Gefühle zu einer (auch völlig unbekannten) Person aufzubauen.

• Mentale Gesprächsführung

Bei der Teilübung „mentale Gesprächsführung" führen Sie vor dem eigentlichen Telefongespräch ein „gedachtes". Dazu visualisieren Sie Ihren Ansprechpartner (z. B. mit Hilfe eines Bildes). Dann „rufen" Sie ihn an und führen mit ihm Ihr zu führendes Telefonat.

• Impulse

Achten Sie auf alle „Impulse", die Sie während Ihres mentalen Dialoges erhalten. Solche „Impulse" können beispielsweise Gefühlsassoziationen zur Stimmung oder der persönlichen Situation des Gesprächspartners sein. Achten Sie auf diese Impulse und notieren Sie alles, was Ihnen dazu spontan einfällt. Vermeiden Sie allerdings alle nachträglichen Korrekturen oder Ergänzungen, denn dabei handelt es sich mit hoher Wahrscheinlichkeit um rein subjektive Interpretationen.

Unter anderem könnten Sie ein Gefühl dafür entwickeln,

- in welcher Stimmung sich Ihr Ansprechpartner aktuell befindet,
- dass jemand auf eine bestimmte Art angesprochen werden möchte oder auf eine bestimme Art der Ansprache negativ reagieren wird,
- der heutige Tag ein ungünstiger Zeitpunkt für das geplante Telefonat ist,
- Ihr Ansprechpartner im Moment oder zeitnah in der Vergangenheit an Sie gedacht hat,
- Ihr Kunde aktuellen Bedarf an Ihrem Angebot hat.

Diese Übung hilft Ihnen dabei,

- achtsam zu sein für Impulse des anderen,
- ein Gefühl dafür zu entwickeln, ob Sie Ihren Ansprechpartner zu einem passenden Zeitpunkt ansprechen,
- Impulse wertfrei anzunehmen. Das ist besonders wichtig, denn Impulse wirklich wertfrei anzunehmen bedeutet, sich auf den anderen tatsächlich vorbereitet und eingestellt zu haben. Wichtig dabei: Die Impulse zu akzeptieren, ohne sie zu „zerdenken" oder zu interpretieren.

Bitte denken Sie daran: Die Gefahr der Interpretation ist anfangs oftmals groß! Nehmen Sie deshalb wirklich nur die spontan empfundenen Impulse auf. Denken Sie nicht zu viel, denn das Denken führt fast automatisch in die Interpretation.

Anfangs kann es schwer fallen zu unterscheiden, was ein wirklicher Impuls war und was „dazugedacht" wurde. Doch trösten Sie sich: Mit etwas Übung werden Sie es bestimmt lernen.

Yoga- und/oder Meditationsübungen können beim Erlernen hilfreich sein. Yoga unterstützt die Selbstwahrnehmung, Meditation die Konzentration.

Ebenso wichtig ist: Lernen Sie Ihre Impulse wertfrei wahr- und anzunehmen. Sehr oft sind die ersten Impulse die allerbesten, selbst wenn sie zunächst skurril oder „unausgegoren" wirken mögen. Lassen Sie diese Impulse zu! Denn sobald Sie den wahrgenommenen Impuls anzweifeln, erschweren Sie die weitere Wahrnehmung. Bitte denken Sie stets daran: Die bewusste Entwicklung der Empathie fürs Telefonieren braucht sowohl Zeit als auch Vertrauen in sich selbst. Nachfolgende Partnerübung hilft Ihnen dabei, die richtige Einstellung zu entwickeln und ein Gefühl für Impulse zu bekommen. Gut wäre es, wenn Sie diese Übung mit einem Ihnen bekannten und vertrauten Menschen durchführen. Trainieren Sie am besten solange, bis Sie sich sicher fühlen und positive Resultate erzielen. Erst dann widmen Sie sich der nächsten Übung.

Übung: Wie Sie sich für die Wahrnehmung von Impulsen sensibilisieren

Diese Partnerübung lässt sich sowohl im privaten als auch im geschäftlichen Umfeld durchführen. Wichtig ist, dass sich die beiden Partner gut kennen. Nach Abschluss der Übung sollten Sie beide nämlich sehr offen über Ihre jeweiligen Erfahrungen sprechen können.

Und jetzt: Viel Spaß, es geht los …

- Bitte nehmen Sie beide jeweils ein Blatt Papier zur Hand. Darauf notieren Sie Ihre Lieblingsfarbe. Außerdem schreiben Sie bitte auf, was Ihnen an Ihrer Lieblingsfarbe besonders gefällt und welche Assoziationen Sie mit dieser verbinden. (Die Notizen dienen vor allem zur späteren „Ergebniskontrolle".)

- Einer von Ihnen visualisiert nun seine Lieblingsfarbe, während der andere versucht, diese Farbe zu „erspüren" bzw. vor „seinem geistigen Auge zu sehen". Der „Empfänger" notiert die Farbe, die er sieht oder spürt, außerdem alle Impulse oder Empfindungen, die er darüber hinaus wahrnimmt. Fortgeschrittene halten außerdem fest, aus welchen Gründen die Farbe für ihren jeweiligen Übungspartner „gut" ist.
- Dann werden die Rollen getauscht. Wer zuletzt versucht hat, die Lieblingsfarbe des anderen zu erspüren, visualisiert nun selbst seine Lieblingsfarbe und umgekehrt. Entscheidend dabei: Die Ergebnisse müssen unbedingt schriftlich festgehalten werden, um vergleichen zu können.
- Tauschen Sie abschließend Ihre Erfahrungen aus. Besprechen Sie offen, was Sie erlebt, gesehen und gefühlt haben.

Wichtig: Falls die „gefühlte" Lieblingsfarbe nicht mit der tatsächlichen übereinstimmt, fragen Sie sich, warum Sie ausgerechnet auf diese Farbe für den anderen gekommen sind – und wieso diese gut für Ihren Partner ist. Möglicherweise stimmt zwar die Farbe nicht, aber Ihr Gegenüber stimmt Ihren gefühlten Argumenten ganz oder teilweise zu. Das zeigt Ihnen, dass Sie auf dem richtigen Weg sind.

Diese Übung können Sie übrigens auch sehr einfach ergänzen. Erforschen Sie gegenseitig, zusätzlich zu Ihren Lieblingsfarben, beispielsweise Ihre Lieblingsblumen! Neben der Bedeutung der Blumenfarbe können Sie dabei auch die Bedeutung der Blumenform für den anderen erspüren. Sie erkennen dadurch unter anderem,

- inwieweit Sie den anderen wahrnehmen,
- inwieweit Sie die Impulse (Beispiel Lieblingsfarbe), die dieser sendet, wahrnehmen,

- inwieweit Sie Ihr Gegenüber richtig einschätzen (ohne zu interpretieren!),
- falls Sie statt einer Blume ein anderes Bild wahrnehmen, beispielsweise einen Baum, hinterfragen Sie einfach, was der Baum
  zu bedeuten hat.

Übung: Wie Sie sich auf Telefonate mit bekannten Personen noch intensiver (tiefer) einstellen und einstimmen

Diese Übung können Sie jederzeit bei den unterschiedlichsten
Privat- und Geschäftstelefonaten einsetzen:

- Nehmen Sie sich ein paar Minuten Zeit, bevor Sie zum Hörer
  greifen. „Visualisieren" Sie Ihren Ansprechpartner.
- Achten Sie auf Impulse, notieren Sie diese.
- Stellen Sie sich eine Farbtabelle vor. Welche Farbe scheint Ihnen
  bei der Visualisierung Ihres potenziellen Gesprächspartners
  dominant zu sein (entspricht also – Ihrem Gefühl nach – am
  ehesten seiner aktuellen Situation und Stimmung)? Notieren
  Sie diese Farbe.

Diese Übung hilft Ihnen dabei,

- Ihre Wahrnehmungsfähigkeit weiter zu verstärken,
- Ihren Impulsen zu vertrauen,

(Wichtig: Vermeiden Sie, zu viel über das spontan Gefühlte nachzudenken! Falls Sie also zum Beispiel an die Farbe Orange gedacht
haben, bleiben Sie bitte selbst dann bei diesem Gedanken, wenn
Sie wissen, dass die Lieblingsfarbe Ihres Gesprächspartners Dun-

kelblau ist. Es kann durchaus sein, dass er in diesem Moment eher Orange bevorzugen würde!)

• den wahrgenommenen Impulsen und Farben eine Bedeutung zuzuordnen.

Wie Sie empathisches Telefonieren nutzen, um Ihre ganz individuelle Farbsymbolik zu erstellen

Ein „gefühlter" Bezug zum jeweiligen Gesprächspartner entwickelt sich bei jedem Telefonat. Ganz egal, ob Sie anrufen oder angerufen werden, sie spüren sich beide gegenseitig und machen sich jeweils von der Stimmung und Situation des anderen ein Bild im Kopf. Entscheidend dabei: Gefühle, Stimmungen, Gesprächsatmosphäre sowie die jeweilige Kommunikationsbereitschaft sind absolut situationsbezogen. Sie können heute völlig anders sein, als sie noch gestern waren.

Das bedeutet für Sie, dass Sie sich immer wieder neu auf Ihre Gesprächspartner einstimmen sollten, weil deren Stimmungslage jedes Mal anders ist.

Ihre individuelle Farbsymbolik

Sobald Sie mit den beschriebenen Übungen einigermaßen vertraut sind, können Sie daran gehen, für sich selbst eine individuelle Farbsymbolik zu entwickeln. Diese hilft Ihnen dabei, sich noch besser auf künftige Telefongespräche vorbereiten zu können.

Fragen Sie sich einfach vor jedem Telefonat, welche Farbe Sie empfinden und mit dem anstehenden Gespräch verknüpfen. Achten Sie auch auf Nuancen bei den Farben. Erfassen Sie am besten alle Ihre geführten Telefonate in einer detaillierten Tabelle. Notieren Sie „Gesprächsziel", „Ergebnis", „Farbe" und „gefühlte Stimmung".

Tab. 7.2 Mustertabelle für die Farbsymbolik

Gesprächsziel	Gefühlte Farbe	Bedeutung der Farbe vor dem Telefonat	Gesprächs-ergebnis	Sonstiges (gegebenenfalls Abweichung/ Ergänzung)
Telefonischer Termin bei bestehenden Kunden XY	hellblau	Kunde ist kommunka-tionsbereit	Termin erreicht. Kunde hat sich Zeit für Fragen im Gespräch genommen	Kunde war weniger hek-tisch als sonst, guter Zeit-punkt, gleich einige Fragen zu klären

Mit der Zeit werden Sie in diesen Protokollen ganz typische Muster erkennen. Und Sie werden feststellen, dass Ihnen die gefühlten Impulse, Farben und Symbole künftig als recht verlässliche Leitlinien für anstehende Gespräche dienen können, weil sie Aufschluss darüber geben, was Sie beim jeweils anstehenden Gespräch „erwartet".

Beachten Sie dabei: Farben können mehrere Bedeutungen haben! Zum Beispiel kann die Farbe Rot sowohl für Liebe als auch für Aggressivität stehen oder noch eine völlig andere, absolut individuelle Bedeutung für Sie haben.

Falls es Ihnen hilft, nutzen Sie die Musterauswertung der Farbsymbolik und wählen Sie daraus jeweils die Einzelfarbe aus, die Sie für das zu führende Gespräch als besonders dominant empfinden.

Damit Sie sich vorstellen können, wie ein solches individuelles Farbsymbolmuster aussehen könnte, sehen Sie sich Tab. 7.2 an.

Um Ihnen nahezubringen, welche individuelle Bedeutung die gefühlten Farben haben können, hier nun auch noch eine Musterauswertung.

Musterauswertung der Farbsymbolik

Apfelgrün	„Empfindlich" – bei diesem Impuls ist es wichtig, auf Wortwahl und Stimmungsschwankungen zu achten
Dunkelblau	Aufgeschlossen für das Gespräch, Gesprächspartner hat nur Zeit für das Wesentliche
Dunkelgrün	Schlechter Zeitpunkt oder nicht erreichbar
Gelb	Gute Laune, offen für private Worte
Hellblau	Kommunikationsbereit, hat Zeit
Lila	Freut sich über Ablenkung
Orange	„Unwohl" – Gesprächspartner fühlt sich unwohl, Gesprächsverlauf hängt extrem vom Einfühlungsvermögen ab
Rosa	Vertrauensebene muss erst aufgebaut werden
Rot	Hervorragender Zeitpunkt für Folgegeschäfte
Royalblau	Hat anderes im Kopf

Zunächst einmal geht es bei Ihrer Arbeit mit den Empfindungen und Farben logischerweise darum, ein Gefühl dafür zu entwickeln und Strukturen zu erkennen. Sobald Sie den Eindruck haben, dass Sie in Ihren Farbdeutungen immer sicherer geworden sind, macht es Sinn, die gefühlten Farben (und die daraus abgeleiteten Situationseinschätzungen) auch zur konkreten Gesprächsvorbereitung zu nutzen.

Übung: Wie Sie sich auf Telefonate mit unbekannten Personen (z. B. potenziellen Kunden) einstellen und einstimmen

Bitte machen Sie diese Übung erst, nachdem Sie sich mehrfach erfolgreich in bekannte Personen eingefühlt haben. Die Schritte 1 und 2 (schriftliche Vorbereitung, visuelle Unterstützung) dieser Übungen sind gleich. Danach machen Sie zusätzlich bitte Folgendes:

• Mentale Vorbereitung auf den Ansprechpartner

Bereiten Sie sich intensiv auf das Gespräch vor. Besuchen Sie beispielsweise die Homepage Ihres potenziellen Gesprächspartners (sofern dieser eine besitzt). Geben Sie den Namen auf jeden Fall in den gängigen Suchmaschinen (z. B. Google, Yahoo etc.) ein. Setzen Sie sich intensiv mit den Suchergebnissen auseinander. Oft finden sich beim „Googeln" äußert interessante und hilfreiche Informationen.

• Mentale Gesprächsführung

Stimmen Sie sich auf Ihren Ansprechpartner ein. Falls Sie ein Foto Ihres Ansprechpartners vorliegen haben (z. B. aus dem Internetauftritt), verwenden Sie dieses zur Visualisierung. Wichtig: Lassen Sie sich dabei nicht von Äußerlichkeiten ablenken – es spielt keine Rolle, ob Ihnen Ihr Gesprächspartner (bzw. Ihre Gesprächspartnerin) visuell gut oder weniger gut gefällt. Versuchen Sie Ihr virtuelles „Vorgespräch" unabhängig von persönlichen Vorlieben zu führen.

• „Einfühlen" mit Hilfe der Farben

Welche Farbe fühlen oder sehen Sie, während Sie das virtuelle Gespräch führen?

• Impulse

Achten Sie auf alle Impulse, die Sie während Ihres mentalen Dialoges erhalten.

• Nach dem Gespräch

Ergänzen Sie Ihre Mustertabelle und gegebenenfalls die Auswertung Ihrer Farbsymbolik um das Gespräch und Ihre Erfahrungen.

Psychometrie zur weiteren Optimierung Ihrer Sensitivität

Die sogenannte „Psychometrie" ist ebenfalls eine spezielle Form der Wahrnehmung, die Ihnen bei der Vorbereitung und Durchführung professioneller Telefongespräche wertvolle Hilfestellungen geben kann.

Bei der Psychometrie wird die Ausstrahlung (Energie) einer anderen Person oder eines Gegenstandes mit dem sogenannten „psychischen Sinn" gemessen. Hintergrund: Jeder Mensch strahlt Energie aus. Diese Ausstrahlung wird auch auf häufig berührte Gegenstände (Uhr etc.) übertragen. Durch (Ein-)Fühlen und Abtasten dieses Gegenstandes bekommen erfahrene Psychometriker deshalb einen Eindruck vom Wesen und den Empfindungen der Person, die diesen Gegenstand berührt oder getragen hat. Visitenkarten eignen sich zum Beispiel sehr gut dafür.

Die Visitenkarten-Übung – gefühltes Erleben nach Gespräch und Blickkontakt

Bekommen Sie also das nächste Mal bei einem Erstkontakt eine Visitenkarte zugesteckt, erfassen Sie nicht nur die Daten, sondern beschäftigen Sie sich auch intensiv mit diesem Stück Papier! Nur Mut, lassen Sie sich darauf ein, es macht Spaß – und bringt Ihnen wertvolle Zusatzerkenntnisse.

So gehen Sie vor:

- Schließen Sie die Augen.
- Nehmen Sie die Visitenkarte in die Hand.

- Achten Sie auf die nun entstehenden Impulse.
- Visualisieren Sie die Farbtabelle: Welche Farbe empfinden oder sehen Sie mit der Visitenkarte in der Hand?
- Was fühlen Sie darüber hinaus? Wärme? Kälte? Sonstiges?
- Stimmen Sie die gewonnenen Eindrücke mit allen anderen, zuvor wahrgenommenen Eindrücken über Ihren Ansprechpartner ab.

Sie werden feststellen, dass das Bild Ihres potenziellen Gesprächspartners mit einem Mal deutlich an Kontur gewinnt!

Alternativ zur Visitenkarte lässt sich dieses Verfahren übrigens auch mit Hilfe eines typischen Business-Geschenks (Kugelschreiber, Tasse mit Werbeaufdruck etc.) einsetzen – vorausgesetzt, es wurde Ihnen vom potenziellen Gesprächspartner selbst übergeben.

Intuitiv telefonieren und entscheiden

8

Was bedeutet „Intuition" genau?

Intuition (lat. *intueri* = betrachten, erwägen, eigentlich: *angeschaut werden*, daher auch passiver Sinn von Eingebung, ahnendes Erfassen) ist die Fähigkeit, Einsichten in Sachverhalte, Sichtweisen, Gesetzmäßigkeiten oder die subjektive Stimmigkeit von Entscheidungen zu erlangen, ohne diskursiven Gebrauch des Verstandes, also etwa ohne bewusste Schlussfolgerungen. Intuition ist ein Teil kreativer Entwicklungen. Der die Entwicklung begleitende Intellekt führt nur noch aus oder prüft bewusst die Ergebnisse, die aus dem Unbewussten kommen. Es ist eine Begabung, auf Anhieb eine gute Entscheidung treffen zu können, ohne die zugrundeliegenden Zusammenhänge explizit zu verstehen, umgangssprachlich „aus dem Bauch" („Bauchgefühl"), spontan, oft auch wenn bestimmte Gründe vorliegen, die eine andere Entscheidung nahelegen.[1]

Fast immer auf Empfang – unsere Gedanken

Unser Gehirn ähnelt einem Radio, das ständig auf Empfang steht. Bedauerlicherweise sind allerdings 90 % der eingehenden, wahr-

---

[1] Quelle: Wikipedia, http://de.wikipedia.org/wiki/Intuition#cite_note-1.

C. Fischer, *Maximale Kundennähe am Telefon*,
DOI 10.1007/978-3-658-02986-9_8,
© Springer Fachmedien Wiesbaden 2013

genommenen Informationen negativ geprägt. „Der Firma geht es
schlecht …", „Frau Soundso hat ihren Mann betrogen …", „Paul
hat in Mathe eine 6 geschrieben …", „… die Terroristen haben die
Geiseln getötet …".

Kein Wunder, dass viele von uns diese extreme Negativprägung
auch selbst ungefiltert weitergeben. „Viel negativer Input = viel
negativer Output" ließe sich dieses Phänomen stark vereinfacht
beschreiben. Dass das nicht unbedingt „gut" sein kann, liegt auf
der Hand. Allerdings lässt sich diese unterbewusste Negativsteue-
rung durchaus beeinflussen. Dazu haben wir vor allem erst einmal zu lernen, bewusster hinzuhören – um dann im nächsten
Schritt auch bewusster sprechen zu können.

Bleiben wir zur Verdeutlichung vorerst beim Bild des Gehirns
als Radio. Wir müssen uns dazu vor Augen führen, dass unser
„Gedankenradio" im Wachzustand praktisch immer auf Empfang
steht. Den ganzen Tag geht nun eine Meldung nach der anderen
bei unserem Radioempfänger ein. Ohne Pause. Eine Schreckens-
information folgt der nächsten. Bei manchen ist das „Gedankenradio" so am „Dudeln", dass sie das Gefühl haben, keinen klaren
Gedanken mehr fassen zu können.

Deshalb gilt zunächst einmal: Ruhe!!!

Möchten Sie intuitiver werden, also intuitiver telefonieren, ist
es vor allem notwendig, der Intuition auch Raum zu geben. Dazu
brauchen Sie wiederum Ruhe und Konzentration. Dies ist mit
einem dauernd dudelnden „Gedankenradio" kaum möglich!

Übung: Stellen Sie Ihr „Gedankenradio" ab
Bereits fünf Minuten pro Tag bringen Sie entscheidend wei-
ter. Probieren Sie es aus: Gönnen Sie sich in einem ersten
Schritt pro Tag fünf Minuten Zeit für sich selbst, einfach um
zur Ruhe zu kommen – und Sie haben eine durchaus reelle
Chance, das Gedankenradio leise (leiser) stellen zu können.

Die Konsequenz Durch die so gewonnene Ruhe bekommt Ihre Intuition den nötigen Freiraum, zu wachsen und sich weiterzuentwickeln!

Anfangs mag es Ihnen vielleicht schwer vorkommen, fünf Minuten ruhig zu sein. Einfach nur da zu sein und zu sich selbst zu kommen. Vielleicht schießen Ihnen immer wieder Gedankenfetzen durch den Kopf. Gedankenfetzen, die sich wie von selbst zu komplexen Geschichten verdichten. Positive Geschichten – aber auch negative Geschichten. In dem Film „Die fabelhafte Welt der Amélie" wird dieses Phänomen auf eindrucksvolle Art und Weise nachvollziehbar gemacht, als Amélie, die Hauptperson, auf den von ihr geliebten jungen Mann wartet und dieser nicht zum vereinbarten Zeitpunkt am Treffpunkt erscheint. Tausend Möglichkeiten schießen ihr in diesem erzwungenen Moment der Ruhe durch den Kopf – die wildesten Geschichten scheinen plötzlich möglich zu sein und verdichten sich vor ihrem inneren Auge immer mehr zu Bildern von unglaublicher Authentizität.

Buddhistische Mönche raten Meditierenden dazu, solche plötzlich einschießenden Gedanken bewusst „fertigzudenken", die Ruheübung also gezielt zu unterbrechen und anschließend noch einmal neu zu beginnen.

Das Gehirn – der Speicher für Erlerntes

Im menschlichen Gehirn ist alles jemals Erlernte zuverlässig abgespeichert. Selbst Fremdsprachen, die lange Zeit nicht oder nur wenig gesprochen wurden, bleiben passiv durchaus erhalten, selbst wenn sie nicht mehr gezielt aktiviert werden können, sondern auf die Stufe des unterbewussten Wissens „abgesunken" sind. Wir wissen also enorm viel – praktisch alles, was wir jemals gelernt, gehört, gesehen, gerochen oder gefühlt haben.

Doch damit nicht genug! Wir wissen sogar noch mehr als das, was wir gelernt und im Unterbewusstsein gespeichert haben, denn: **Unser „Überbewusstes" weiß mehr, als wir gelernt haben.**

Das „Überbewusste", so unwahrscheinlich sich das vielleicht
für logisch denkende Menschen zunächst einmal anhören mag,
ist an solche Grenzen nicht gebunden. Das „Überbewusste" ist
im Vergleich zum „Unterbewussten" die universelle Quelle nach
außen. Das „Unterbewusste" ist die innere Quelle zu gespeicher-
ten Daten. Unser Geist (also das Überbewusstsein) kann Kontakt
zu Orten, Menschen oder Situationen aufnehmen, zu denen unser
rational denkendes Gehirn keinen Zugang hat. Und das Beste daran: Informationen, die wir auf diese Weise gewinnen, können
durchaus gezielt „abgerufen" werden!

Wir Menschen gewinnen Informationen auf zwei grundver-
schiedene Arten. Zum einen sind da die Informationen der realen
äußeren Welt, die wir mit unseren Sinnen gewinnen. Darüber hinaus gibt es allerdings eben auch „überbewusste" Informationen
(die nicht weniger „wahr" sind), die sich uns unter anderem aus
Träumen, Inspirationen oder Intuitionen erschließen.

Durchaus bekannt ...!

Dass es neben dem persönlich angeeigneten Wissen auch noch
andere Quellen der Information und Kommunikation gibt, ist übrigens keine Erfindung von mir. Bereits der bekannte Schweizer
Psychoanalytiker Carl Gustav Jung (1875–1961) erkannte, dass
das Fühlen und Handeln der Menschen nicht nur durch individuelle Erfahrungen und Erkenntnisse, sondern auch von einem
„kollektiven Unbewussten" beeinflusst wird.

Jung verstand darunter wohl eine Art Menschheitsbibliothek
– also eine Sammlung aller Empfindungen, Erkenntnisse und Erfahrungen der Menschheit als Ganzes, zu der wir alle unbewusst
einen mehr oder weniger stark ausgeprägten Zugang haben.

Jung ging sogar noch einen Schritt weiter: Seiner Ansicht nach
haben viele scheinbar sinnlose menschliche Empfindungen und
Handlungen einen tieferen Sinn, der sich uns allerdings über
„normale" Denk- und Analysemethoden meist nicht erschließt.
Dass wir nicht in einen Bus einsteigen (der später verunglückt),

lässt sich eben logisch nicht erklären – für Jung ist es einfach eine „Synchronizität", die daraus resultiert, dass wir Zugriff auf tiefere Wahrheiten und Zusammenhänge haben.

Meine Empfehlung: Lassen Sie zu, dass diese Informationen aus dem überbewussten Bereich auch Sie tatsächlich erreichen! Glauben Sie, vertrauen Sie und üben Sie – und Sie werden bemerken, wie Ihre intuitiven Fähigkeiten wachsen! Hinterfragen Sie nicht alles, sondern lassen Sie sich ein: auf Ihre Intuition. Gerade auch in Alltagssituationen ....

Ein Beispiel: Intuition ... ganz pragmatisch

Als ich vor einiger Zeit vom Münchner Flughafen über die Autobahn zurück in die Stadt fuhr, überholte ich einen LKW mit großem Logoaufdruck eines meiner Kunden. Prompt dachte ich an meinen Ansprechpartner dieses Unternehmens, mit dem ich erst ein paar Wochen zuvor telefoniert hatte.

Urplötzlich hatte ich die Eingebung, dass ich diesen Gesprächspartner sofort anrufen sollte ... Rational betrachtet war das „natürlich" völlig unsinnig. Schließlich hatten wir ja erst kurz zuvor miteinander telefoniert und das nächste Telefongespräch war für einen deutlich späteren Termin auch schon fest vereinbart. Trotzdem – die Intuition ließ mir einfach keine Ruhe: Ich rief trotzdem an! Noch aus dem Auto, direkt von der Autobahn!

Ich meldete mich, begrüßte ihn und sagte ihm, ich hätte gerade an ihn gedacht – beim Überholen eines Firmen-LKWs (was ja stimmte...!). Er antwortete freudig überrascht und sagte: „Frau Fischer, das gibt's ja gar nicht. Ich habe auch gerade an Sie gedacht ..." An seiner Stimme merkte ich sofort, dass etwas Gravierendes passiert sein musste. Und tatsächlich: Aus nicht vorhersehbaren Umständen hatten sich einschneidende Veränderungen ergeben, die den geplanten Telefontermin völlig unnötig gemacht hatten, weil sich komplett andere Perspektiven aufgetan hatten!

Die Intuition hat öfter Recht als angenommen

Die Intuition hat viel öfter Recht als angenommen – und der Verstand wird häufig überschätzt. Viele Erfolgsgeschichten zeigen, dass Menschen gerade dadurch, dass sie ihrer Intuition (und nicht ihrem Verstand) vertraut haben, überdurchschnittliche Erfolge erzielen konnten. Hätte Bill Gates beispielsweise nur auf seinen Verstand gehört, hätte er wohl zuerst einen „ordentlichen" Universitätsabschluss gemacht – stattdessen wagte er (aus einem Bauchgefühl heraus?) den Sprung in die Selbstständigkeit und baute das Microsoft-Imperium auf.

Der Verstand: Zu langsam, wenn es schnell gehen muss ...

Verhaltensforscher haben herausgefunden, dass es mindestens drei Sekunden dauert, bis unser Verstand einen klaren, vernünftigen Gedanken fassen kann. Das ist logischerweise viel zu langsam, um kurzfristig auftretende Gefahrensituationen zu bewältigen. Wir Menschen verarbeiten Informationen deshalb nicht nur mit dem Verstand, sondern in vielen Fällen auch mit dem Unterbewusstsein. Intuition, von vielen belächelt, von anderen Eingebung oder sechster Sinn genannt, gewinnt dabei mehr und mehr an wissenschaftlicher Anerkennung. Roger Carpenter, Neurologe der Cambridge Universität, sagt zum Beispiel: „Intuition ist die größte Leistung, die unser Gehirn vollbringen kann".

Immer mehr Experten kommen zu der Ansicht, dass unser Gehirn wie ein Computer mit zwei verschiedenen Festplatten arbeitet. Die linke Hirnhälfte (Festplatte) nutzt den Verstand, die rechte (Festplatte) arbeitet mit Intuition. Mit der linken denken und analysieren wir – mit der rechten nehmen wir Intuitionen und Eingebungen auf.

Diese bereits gegen Ende des 19. Jahrhunderts erstmals von Forschern wie Broca und Wernicke geäußerte Vermutung verdichtete sich vor allem durch die Experimentalerkenntnisse von Roger Sperry zur heute praktisch allgemein anerkannten wissenschaftlichen Sichtweise.

Immer auf Sendung: Das Unterbewusstsein

Interessant dabei: Auch die rechte, intuitive Gehirnhälfte arbeitet wie ein Datenspeicher. Sie ist stets empfangsbereit, nimmt visuelle und akustische Reize auf und wertet diese auf ihre Relevanz für den Empfänger hin aus. Wichtiges wird von Unwichtigem getrennt, Unwichtiges wird gelöscht, Wichtiges gespeichert. Menschen lernen also auch mit der rechten Gehirnhälfte, wobei dies wesentlich einfacher und unkomplizierter abläuft als mit der linken. Denn intuitives „Denken" arbeitet im Unterbewusstsein. Die „Denkergebnisse" äußern sich in Form von Emotionen, zum Beispiel im bekannten „Bauchgefühl", das in Gefahrensituationen Alarm schlägt. Übrigens aus gutem Grund und mit einer erstaunlichen Erfolgsquote: Studien zufolge sind in bis zu 80 % der Fälle Bauchentscheidungen zielführender als logisch-analytisch getroffene Entscheidungen!

Tun sich Frauen mit Intuitionen leichter?

Wohl die meisten Menschen würden diese Frage eindeutig bejahen. Intuition wird eben eher Frauen zugeschrieben. Mädchen spielen mit Puppen und dürfen Gefühle zeigen, Jungen spielen Cowboy und Indianer und weinen nicht – oder sollten, zumindest nach landläufiger Vorstellung, nicht weinen. So erzogen und sozialisiert ist es nachvollziehbar, dass Mädchen eher Zugang zu ihren Gefühlen und Eingebungen haben als Männer.

Tatsache ist jedenfalls, dass sich Frauen wesentlicher leichter in andere Menschen hineindenken können als Männer, weil sie von Natur aus wesentlich empathischer veranlagt sind!

Der britische Hirnforscher und Cambridge-Professor Simon Baron-Cohen ist fest davon überzeugt, dass Männer ein sogenanntes „S-Hirn" (S wie Systematik) haben, Frauen dagegen ein „E-Hirn" (E wie Empathie). Deshalb ist das weibliche Hirn, so Baron-Cohen, überwiegend auf Empathie ausgerichtet, während sich das Männerhirn eher auf leblose Systeme ausrichtet.

Allerdings ist dies kein Dogma. Denn es gibt sie wirklich: empathische, intuitive und vor allem erfolgreiche Männer! Albert Einstein beispielsweise, Physiker und Nobelpreisträger, war ein großer Befürworter der Kraft und Bedeutung der Intuition – und profitierte Erzählungen zufolge selbst häufiger von seiner Fähigkeit zu „Bauchgefühlen" und „Geistesblitzen".

Geschäftliche Entscheidungen – besser rational begründet?

Bei Entscheidungen im Geschäftsleben wird meist großer Wert auf begründete Entscheidungen gelegt. Aktivitäten machen demnach nur Sinn, so der weit verbreitete Tenor, wenn zuvor alle Umstände und Hintergründe sorgfältig analysiert und durchdacht wurden. Die Realität sieht allerdings selbst in scheinbar absolut rational geführten Unternehmen völlig anders aus. Auf allen Entscheidungs- und Handlungsebenen, vom Chef bis zum einfachen Sachbearbeiter, werden Menschen viel stärker von Empfindungen geleitet als allgemein vermutet. Empfindungen sind der Antrieb unseres Lebens – und zugleich wertvolle Richtungsweiser.

Denn Wer immer nur business-„like" rational handelt, handelt sich unter Umständen so manches negative Ergebnis ein!

Sigmund Freud zufolge sollten wir bei wichtigen Lebensent-
scheidungen stattdessen besser nicht zu viel nachdenken, sondern
mehr unseren Gefühlen vertrauen.

In der Neurowissenschaft werden seit Ende der 80er Jahre
Neuronenaktivitäten des menschlichen Gehirns und der Ner-
venleitbahnen gemessen. Dabei zeigt sich immer deutlicher, wie
maßgeblich die Bedeutung der Gefühle bei menschlichen Entscheidungen und Aktionen ist – selbst dann, wenn wir glauben,
uns absolut vernünftig zu verhalten!

Geht es darum, Pläne für die Zukunft zu schmieden, die
schwierig vorauszuplanen sind, helfen uns Emotionen wesentlich
weiter als rationale Gedanken, meint Antonio Damasio, ein sehr
profilierter Neurologe der University of Iowa.

Der Verstand hat beratende Funktion – Emotionen steuern Entscheidungen

Aktuellen wissenschaftlichen Erkenntnissen zufolge wertet und
bewertet unser emotionales Erfahrungsgedächtnis alle relevanten
Erlebnisse und wird dabei durch angeborene Affekte und Grund-
bedürfnisse beeinflusst. Der Verstand hat dabei allenfalls eine
Art „beratende" Funktion. Emotionen steuern also unsere Entscheidungen und beeinflussen unsere Wahrnehmung. Sie können
unser Bewusstsein verändern oder entscheidende Impulse setzen.

Menschen, die darauf vertrauen, was ihnen ihr emotionales Erfahrungsgedächtnis empfiehlt, unterliegen deutlich seltener der
Gefahr, sich durch den Rat anderer Menschen „aus dem Konzept"
bringen zu lassen.

Menschen, bei denen diese zentralen Gefühle „ins Stocken" geraten, blockieren sich selbst und verlieren unter Umständen die
Orientierung.

Es gibt Situationen, in denen wir unter völliger Ausschaltung
unseres aktiven Bewusstseins agieren. Wir machen etwas, ohne

vorher darüber nachzudenken. Zum Beispiel greifen wir „automatisch" zum Telefonhörer, wenn es klingelt – ohne dass wir dies bewusst entscheiden.

Vertraute Handlungen werden sogar in einer Art „Auto-Pilot-Funktion" erledigt. Weder beim Zähneputzen noch beim Schminken oder Rasieren denken wir viel über diese Handlungen nach.

Diesen „Auto-Piloten" können Sie übrigens auch dafür nutzen, Ihre 60-Sekunden-Lächel-Übung (siehe Kap. 3) am Morgen zu automatisieren. „Bauen" Sie die Lächelübung einfach in Ihren morgendlichen Ablauf unterbewusst ausgeführter Handlungen vor dem Spiegel ein. Das bedeutet: Unbewusst starten Sie durch den „Auto-Piloten" die Übung, um sie dann bewusst auszuführen.

Nach der Entwicklung Ihrer empathischen Fähigkeiten am Telefon geht es als nächstes darum, Ihre Intuition zu entwickeln (oder neu zu entdecken). Durch die empathischen und psychometrischen Übungen wird zwar Ihre Sensitivität geschärft, Ihre Intuition muss allerdings separat aktiviert werden!

Wie „funktioniert" Intuition?

„Logisch" nachvollziehbar ist Intuition nicht unbedingt. Aber sie funktioniert. So gibt es zum Beispiel Menschen, die selbst in dicht bevölkerten Großstädten Parkplätze scheinbar „auf Bestellung" finden – während andere stundenlang danach suchen müssen. Wie das geht?

Laut den entsprechenden Personen – ganz einfach: Sie „glauben" einfach fest daran, schon nach kurzer Zeit einen Parkplatz zu finden!

Zu Beginn oder während der Autofahrt „senden" diese Menschen ihre mentale Bestellung eines Parkplatzes ab. Nähern sie sich dem Fahrtziel, leiten intuitive Eingebungen sie dann umgehend zu einem der wenigen freien Parkplätze. (Nicht immer, aber sehr häufig!)

Intuitives Telefonieren erfordert eine positive innere Haltung

Beim intuitiven Telefonieren geht es darum, die Gespräche mit sehr viel Gefühl zu führen. Grundvoraussetzung dafür ist eine positive Einstellung dem Gesprächspartner gegenüber.

Die Erfahrung zeigt: Negativ eingestellte Menschen „ziehen" negative Ereignisse an, positiv eingestellte Menschen positive Ereignisse.

„Self-fulfilling prophecy", also sich selbst erfüllende Prophezeiung, so nennt der Psychologe Paul Watzlawick dieses Phänomen. Fakt ist: Wer fest an etwas glaubt, erhöht die Wahrscheinlichkeit, dass eintritt, woran er glaubt.

Ähnlich wie bei der Empathie können Sie auch Ihre Intuition mit Farbübungen weiterentwickeln und stärken. Hierzu bietet sich vor allem folgende Übung an:

Übung: Wie intuitiv sind Sie?

Machen Sie diese Übung gerne mit Freunden/Bekannten in privater Runde. Sie brauchen: Mindestens acht verschiedenfarbige Karten oder Blätter Papier (beispielsweise farbige Notizzettelchen – am besten in gleicher Größe).

So geht's:

- Die Teilnehmer arbeiten nacheinander, nicht gleichzeitig.
- Derjenige, der mit der intuitiven Übung beginnt, legt auf einem Tisch die verschiedenfarbigen Karten aus.
- Einer der Partner wählt dann eine dieser Farbkarten aus, während der Arbeitende wegsieht.
- Währenddessen hält der Übende schriftlich fest, welche Karte der Partner gleich wählen wird.
- Darüber hinaus erfasst der Übende, warum er die Karte gewählt hat. Das „Warum" sollte dabei unbedingt „aus dem Bauch heraus" aufgeschrieben werden.

Tipp: Lassen Sie sich hierbei von Ihrem Gefühl leiten und handeln Sie spontan.

Jetzt wird gewechselt, das heißt ...

• Derjenige, der bereits eine Karte gezogen hat, lässt den Partner eine Farbkarte wählen, während er selbst wegsieht. Dann bestimmt er schriftlich, welche Karte der Partner gleich ziehen wird.
• Dieser Partner wiederum zieht eine Farbkarte, während der andere wegschaut.

Nun wird ausgewertet. Prüfen Sie dabei folgende Punkte:

• Stimmt Ihre schriftliche Farbauswahl mit der Wahl Ihres Partners überein? Ja! Dann sind Ihre intuitiven Fähigkeiten schon sehr gut ausgeprägt.
• Und weiter: Falls die Farbe übereinstimmt ... Inwieweit stimmen die Gründe, weshalb Sie die Farbe gewählt haben, mit den Gründen überein, die der Partner mit der Wahl „Ihrer" Farbe verbindet?
• Falls die Farbe nicht übereinstimmt: Prüfen Sie bitte ebenfalls, inwieweit die Gründe, weswegen Sie die Farbe gewählt haben, mit den Gründen übereinstimmen, aus denen Ihr Partner diese Farbe ausgewählt hat.
• Stimmt Ihre schriftliche Erfassung der Farbe mit der Wahl und der Begründung Ihres Partners noch nicht überein? Geben Sie nicht auf, sondern üben Sie weiter, denn Übung macht in diesem Fall wirklich den Meister.

> ▶ **Wichtig zu wissen** Nutzen Sie intuitive Eingebungen
> unbedingt auch im Geschäftsleben. Sie brauchen ja nicht
> jedem zu erklären, dass Sie gerade Ihre intuitiven Fähig-
> keiten schulen.

Sollte es Ihnen ähnlich ergehen wie mir in dem Beispiel mit dem
Kundenlastwagen – dann rufen Sie einfach an. Sagen Sie: „Lieber
Herr Kunde, ich habe gerade an Sie gedacht …" oder „Herr Kunde, mir ist gerade Folgendes durch den Kopf gegangen …, was
sagen Sie dazu?"

Professionell vorbereiten, souverän handeln

9

Lassen Sie sich bei *wichtigen* Entscheidungen von Ihrem „Überbewusstsein" helfen

Wenn ich Teilnehmern meiner Trainings und Coachings positive Verbesserungsvorschläge gebe, kommt es immer wieder vor, dass ich Antworten zu hören bekomme, die in etwa folgenden Wortlaut haben: „Ich war abgelenkt, sonst hätte ich das mit Sicherheit genau so gemacht, wie Sie mir das gerade empfohlen haben!" Oft höre ich auch: „Das ging ja alles so schnell – wenn mehr Zeit gewesen wäre, hätte ich das besser gekonnt!"

Stellt sich die Frage: Ist das wirklich so?

Brauchen wir Menschen tatsächlich nur ein wenig mehr Zeit, um „bessere" Ergebnisse zu erzielen? Sind wir „schlechter", wenn wir abgelenkt sind? Der niederländische Psychologe Ap Dijksterhuis führte (einer Meldung der Zeitschrift FOCUS zufolge) dazu ein außerordentlich interessantes Experiment durch:

Bei einer Art „Wohnungs-Roulette" mussten mehrere Versuchsteilnehmer insgesamt vier Wohnungen anhand von jeweils zwölf Merkmalen (positive und/oder negative) beurteilen.

C. Fischer, *Maximale Kundennähe am Telefon*,
DOI 10.1007/978-3-658-02986-9_9,
© Springer Fachmedien Wiesbaden 2013

Eine der vier Wohnungen zeichnete sich durch acht positive und vier negative Merkmale aus, bei den anderen drei Wohnungen hielten sich die Vor- und Nachteile in etwa die Waage oder die Nachteile waren sogar in der Überzahl. Die einzelnen Merkmale der vier Wohnungen wurden den Teilnehmern dabei im Rahmen einer kurzen Präsentation in unterschiedlicher Reihenfolge jeweils vier Sekunden lang gezeigt.

Um die unterschiedliche „Verarbeitungsfähigkeit" von Menschen beurteilen zu können, teilten Dijksterhuis und sein Team die Teilnehmergruppe dann folgendermaßen auf:

Ein Drittel der Teilnehmer musste sofort nach Ende der Vorführung ein Urteil abgeben. Das zweite Drittel wurde nach der Aufgabe drei Minuten lang durch eine Konzentrationsaufgabe „abgelenkt" und musste danach eine Bewertung der Wohnungen vornehmen. Und das letzte Drittel der Teilnehmer konnte sich drei Minuten lang ohne Ablenkung ausschließlich auf die Bewältigung der anstehenden Aufgabe konzentrieren.

Das überraschende Ergebnis: Die beste Wohnung (acht positive Merkmale, vier negative) wurde überproportional häufig von den Versuchsteilnehmern erkannt, die direkt nach der Präsentation durch eine nicht mit der eigentlichen Aufgabe in Zusammenhang stehende Konzentrationsübung „abgelenkt" waren. Sowohl „Nachdenker" als auch „Sofortentscheider" urteilten dagegen deutlich schlechter – allerdings beide etwa auf gleich niedrigem Niveau. Die möglichen Erklärungen für dieses schlechte Abschneiden der beiden Teilnehmergruppen sind allerdings durchaus unterschiedlich:

Während sich das negative Ergebnis der „Sofortentscheider" ja noch relativ einfach dadurch erklären lässt, dass spontan und damit völlig unüberlegt geantwortet werden musste, stellt einen die schlechte Leistung der „Nachdenker" zunächst vor ein wirkliches Rätsel. Dijksterhuis Ansicht nach scheint der bewusst nutzbare Arbeitsspeicher für die vielen Einzelinformationen der gestellten Aufgabe allerdings wohl deutlich zu „klein" sein. Ein Überdenken und Analysieren der Informationen verwirrt deshalb nur – und führt gerade nicht zu einer Optimierung des Ergebnisses.

Die Gruppe, die durch die Konzentrationsübung abgelenkt wurde, „verlagerte" das Sichten und Ordnen dagegen gerade wegen dieser Ablenkung ins „Überbewusstsein", was sich positiv auf das Ergebnis auswirkte. Dijksterhuis und andere Spezialisten bezeichnen diese „überbewusste" Analyse und Auswertung von Daten mit dem Begriff „Inkubation".

Ihr Rat: Je komplexer eine anstehende Entscheidung oder Aktion ist, desto weniger sollten wir darüber aktiv nachdenken, sondern stattdessen auf die Fähigkeiten unseres Unter- oder genauer: Überbewusstseins vertrauen.

Übertragen auf die tägliche Arbeit mit dem Telefon bedeutet das: Eine gründliche Vorbereitung, Empathie und regelmäßiges Üben sind drei ganz entscheidende Säulen des Erfolgs als „Profi-Telefonierer", doch in wirklich verzwickten Situationen ist es mindestens ebenso wichtig, „loslassen" zu können und sich auf Intuition und das eigene „Überbewusstsein" zu verlassen.

Wie Sie das konkret auf Ihre Telefonpraxis übertragen können?

- Sie bereiten sich wie gewohnt vor.
- Wenn wichtige Entscheidungen anstehen, schaffen Sie sich zunächst einmal die nötigen zeitlichen „Freiräume", um sich abzulenken und Ihrem Unterbewusstsein die Chance zu geben, diese Entscheidung zu „bearbeiten". Ideal sind zum Beispiel administrative Tätigkeiten. Oder eine kleine Essenspause zwischendurch. Wichtig ist jedenfalls, dass Sie unbedingt etwas anderes tun und für eine gewisse Zeit überhaupt nicht an Ihre Entscheidung denken!
- Nach diesem „Ablenkungsmanöver" treffen Sie Ihre Entscheidung dann möglichst spontan und handeln entsprechend.

Wer in komplexen Situationen mehr aus dem Bauch heraus statt „verkopft" agiert, wird mit Sicherheit langfristig wesentlich erfolgreicher sein.

Machen Sie Souveränität und Professionalität zu Ihren zentralen Erfolgsprinzipien

Empathischer, intuitiver und bauchgesteuerter zu telefonieren, gelingt selten von heute auf morgen. Doch auch kurzfristig lassen sich deutliche Verbesserungen realisieren – die folgenden Tipps helfen dabei:

Zunächst einmal ist es wichtig, dass Sie sich vor Augen führen, dass Sie selbst es in der Hand haben, in welcher Atmosphäre ein Telefongespräch verläuft. Denn: Je besser Ihre eigene Stimmung ist, desto mehr Zustimmung werden Sie von Ihren Kunden und Geschäftspartnern bekommen.

Klar ist: Geschäfte werden mit Menschen gemacht – und „Menschliches" (genauer: Allzumenschliches) ist vielen Menschen viel mehr wert als allgemein angenommen. Das wiederum bedeutet: Menschen zahlen gerne einen höheren Preis für etwas, wenn sie neben einem rein fachlich-sachlichen Vorteil und ihrem definitiven Nutzen auch noch emotionalen Mehrwert bekommen! Es lohnt sich also, in Stimmung, Gefühle und Atmosphäre zu investieren und sich aktiv um eine gute persönlich-emotionale Performance zu bemühen.

▶ **Wichtig zu wissen** Überprüfen Sie regelmäßig Ihre Einstellung zum Leben und zur Arbeit. Zum Beispiel mit der folgenden kleinen Checkliste.

Checkliste zur Überprüfung Ihrer Grundhaltung

1. Mögen Sie Menschen?
2. Haben Sie eine positive Grundeinstellung?
3. Machen Sie nur einen Job oder sind Sie „erfüllt" von Ihrem Beruf?
4. Denken Sie positiv?
5. Handeln Sie positiv?
6. Sind Sie bereit, freundschaftliche Kundenbeziehungen zu pflegen?

7. Haben Sie bereits damit begonnen, sich mit Empathie und Intuition noch besser auf Ihre Telefongespräche einzustellen?

8. Sind Sie bereit, Ihre Telefonate als integralen Bestandteil eines Lernprozesses zur kontinuierlichen Optimierung zu sehen?

Falls Sie alle diese Fragen mit „Ja" beantworten können, sind Sie absolut auf dem richtigen Weg. Falls nicht, sollten Sie unbedingt an Ihrer Einstellung arbeiten.

Wie Sie Ihre Telefonate (künftig) optimal vor-, auf- und nachbereiten ...

Vorneweg: Die richtige Grundeinstellung ist, wie mehrfach betont, das Fundament, auf dem Sie Ihren Erfolg aufbauen. Diese gilt es nun auf Ihre konkrete Tagesarbeit zu transferieren.

▶ **Wichtig zu wissen** Damit das möglichst optimal gelingt, sollten Sie in jedem Fall alle Ihre Telefonate sorgfältig erfassen und schriftlich auswerten. Denn: Nichts beflügelt mehr als der Erfolg! Eine tägliche Erfolgsstatistik ist deshalb zum einen ein wichtiges Selbstkontroll-Instrument und zum anderen eine gute Stimulationshilfe! Die Zeit, die Sie dafür aufwenden, ist gut investiert!

Wie kann eine solche Tagesstatistik aussehen?

Orientieren Sie sich doch einfach an nachfolgender Musterstatistik! Passen Sie das Muster an die von Ihnen zu führenden Gespräche und an Ihre individuellen Bedürfnisse an. Und noch ein Tipp: Fassen Sie Ihre einzelnen Tagesstatistiken auch unbedingt zu Wochen-,

Muster einer Tagesstatistik

Name: _____

Datum/Telefonzeit von – bis: _____

Anzahl der Ausgangstelefonate

Entscheidergespräche	☺ ☺ ☺ ☺ ☺	☺ ☺ ☺ ☺ ☺	☺☺ ☺☺ ☺ Σ
Nachricht hinterlassen	☺ ☺ ☺ ☺ ☺	☺ ☺ ☺ ☺ ☺	☺☺ ☺☺ ☺ Σ
Versuche	☺ ☺ ☺ ☺ ☺	☺ ☺ ☺ ☺ ☺	☺☺ ☺☺ ☺ Σ

Anzahl der Eingangstelefonate

Anzahl der Anrufe	☺ ☺ ☺ ☺	☺ ☺ ☺ ☺	☺☺ ☺☺ ☺ Σ
Klärung im Gespräch	☺ ☺ ☺ ☺	☺ ☺ ☺ ☺	☺☺ ☺☺ ☺ Σ
Versuche	☺ ☺ ☺ ☺ ☺	☺ ☺ ☺ ☺ ☺	☺☺ ☺☺ ☺ Σ

Ergebnisse

Direktabschluss	☺ ☺ ☺ ☺ ☺	☺ ☺ ☺ ☺ ☺	☺☺ ☺☺ ☺ Σ
Qualifizierter Termin	☺ ☺ ☺ ☺ ☺	☺ ☺ ☺ ☺ ☺	☺☺ ☺☺ ☺ Σ
Angebot	☺ ☺ ☺ ☺ ☺	☺ ☺ ☺ ☺ ☺	☺☺ ☺☺ ☺ Σ
Informationsmaterial	☺ ☺ ☺ ☺ ☺	☺ ☺ ☺ ☺ ☺	☺☺ ☺☺ ☺ Σ
Tel. Wiedervorlage	☺ ☺ ☺ ☺ ☺	☺ ☺ ☺ ☺ ☺	☺☺ ☺☺ ☺ Σ
Kein Bedarf	☺ ☺ ☺ ☺ ☺	☺ ☺ ☺ ☺ ☺	☺☺ ☺☺ ☺ Σ

Umsatz:

Kunde: _____ Euro: _____

Kunde: _____ Euro: _____

Kunde: _____ Euro: _____

Kunde: _____ Euro: _____

Kunde: _____ Euro: _____ Σ

Auswertung Farbsymbolik

Gesprächsziel	Gefühlte Farbe	Bedeutung der Farbe vor dem Telefonat	Sonstiges (gegebenenfalls Abweichung/ Ergänzung)
Telefonischer Termin bei bestehenden Kunden XY	hellblau	Kunde ist kommunkationsbereit.	Kunde war weniger hektisch als sonst, guter Zeitpunkt, gleich einige Fragen zu klären.

Sonstiges:

Monats, Quartals- und Jahresstatistiken zusammen. So führen Sie sich auch längerfristige Entwicklungen nachdrücklich vor Augen!

Jetzt kann es losgehen ...

1. So bereiten Sie sich optimal auf Ihre Telefonate vor

Machen Sie sich jedes Mal Folgendes bewusst bzw. schaffen Sie die entsprechenden Voraussetzungen:

- Sie starten in Ruhe und positiv in den Tag.
- Sie wissen: Ihr Beruf macht Ihnen Spaß und erfüllt Sie.
- Sie sind geistig und körperlich fit.
- Sie tragen Kleidung, in der Sie sich sicher, professionell und gut angezogen fühlen.
- Sie sind gut gelaunt, Ihre positive Stimmung ist spürbar und überträgt sich auf andere (falls nicht: nutzen Sie:
  1. Die 60-Sekunden-Lächel-Übung
  2. Die Möglichkeiten der positiven Selbstkonditionierung (das Pawlowsche Gesetz).
- Ihr Tagesablauf ist organisiert und strukturiert.
- Ihre Aufgaben erledigen Sie zielorientiert auf Basis eines konsequenten Zeitmanagements.
- An Ihrem Arbeitsplatz fühlen Sie sich wohl und sicher. Ein ansprechendes Büro, ein aufgeräumter und typgerecht organisierter Schreibtisch (PC, Telefon etc.) sorgen für Wohlfühlatmosphäre.
- Sie freuen sich auf jedes Kundengespräch am Telefon.

- Ihre Telefonate sind immer auch Teil einer freundschaftlich geprägten Kunden- und Geschäftsbeziehungspflege.
- Sie nehmen sich selbst sehr deutlich wahr – und sind mit sich im Reinen.
- Sie sind sich sicher, dass Ihr Gesprächspartner von Ihrem Anruf profitiert, insbesondere auch deshalb, weil Sie sich sowohl fachlich als auch empathisch auf ihn eingestellt haben – und die dabei gewonnenen Erkenntnisse in seinem Interesse nutzen. Ihr Gesprächspartner kann Ihnen deshalb absolut vertrauen!
- Ihr Telefonskript ist sorgfältig vorbereitet – und liegt Ihnen in schriftlicher Form vor.
- Alle Hilfsmittel, die sinnvoll sein könnten (Imagebroschüre, Testimonials von Kunden, eine Übersicht Ihrer persönlichen Erfolgserlebnisse) liegen – für Augenmenschen absolute Pflicht, für andere sicher auch sehr hilfreich – gut sichtbar am Arbeitsplatz bereit.
- Sie vermeiden es, Aussagen oder Handlungen eines Gesprächspartners zu interpretieren. Einwände oder Ablehnung eines Kunden nehmen Sie nicht persönlich. Sie wissen: Die Welt kann bereits am nächsten Tag anders aussehen.

2. *Tipps für Ihr Verhalten während des Telefonats*
- Lächeln Sie – und überprüfen Sie auch zwischendurch immer wieder, ob Sie weiter lächeln.
- Nehmen Sie eine typgerechte Körperhaltung ein und behalten Sie diese während des Gesprächs bei.
- Telefon, PC, Maus sind typgerecht auf dem Schreibtisch arrangiert.
- Stift und Papier liegen bereit.
- Führen Sie Ihr Gespräch zielorientiert und bemühen Sie sich dabei, sympathisch zu wirken.
- Machen Sie schon während des Gesprächs Gesprächsnotizen zu Inhalt und getroffenen Vereinbarungen. Wichtig dabei: Informieren Sie Ihren Gesprächspartner, sobald Sie sich Notizen machen.

- Falls Sie mit bereits vertrauten Personen telefonieren, bitten Sie ruhig um einen kurzen Moment Zeit, falls Sie diese brauchen – zum Beispiel, um sich in ein Thema einzudenken oder einzufühlen.
- Bleiben Sie offen und empfänglich für neue oder zusätzliche Gesprächsimpulse. Vor allem auch dann, falls diese von Ihrer ursprünglichen Gesprächsplanung abweichen sollten!
- Erfassen Sie unbedingt alle Stimmungen und Impulse, die Sie von Ihrem Ansprechpartner empfangen.
- Notieren Sie auch rein intuitive Eingebungen. Dann können Sie diese bei passender Gelegenheit mit in den weiteren Gesprächsverlauf „einflechten".

3. *Tipps für die optimale Auswertung Ihrer Telefonate*
- Falls Sie Ihre Gesprächsnotizen per Hand verfasst haben, übertragen Sie diese unbedingt in eine elektronische Datenbank.
- Notieren Sie auch unbedingt alle gewonnenen Erkenntnisse privater Art, zum Beispiel Hobbys oder Informationen zu Kindern, Ehepartnern oder Urlaubsplänen etc. (Beachten Sie dabei bitte auch die aktuellen Richtlinien des Datenschutzes!).
- Übertragen Sie getroffene Vereinbarungen und Wiedervorlagetermine sofort in Ihren Kalender.
- Ergänzen Sie Ihre Auswertungen zur Farbsymbolik kontinuierlich durch neue Erkenntnisse – und vergleichen Sie diese Ergebnisse mit den bereits gemachten.
- Sammeln und erfassen Sie Ihre intuitiven Eindrücke. Prüfen Sie, wie und wann Sie diese nutzen können.
- Analysieren Sie Ihre Gesprächsstruktur. Wie zielorientiert sind Sie vorgegangen?
- Überprüfen Sie Ihr jeweiliges Gesprächsergebnis. Inwieweit stimmt es mit Ihrem Ziel überein?

- Ganz entscheidend: Erfassen Sie Ihre Erfolgserlebnisse mit einer täglichen Erfolgsstatistik. Die Erinnerung an diese Erfolgserlebnisse ist die Grundlage für Ihre mentale Vorbereitung auf die nächste Telefonaktion! Außerdem erleichtert Ihnen eine solche Übersicht die Selbstkonditionierung (Pawlowsches Gesetz).

Mit Facebook, Twitter & Co. den Kontakt zum Kunden halten

10

Sie haben nun einiges darüber gelesen, welche „weichen" Faktoren beim Telefonieren relevant sind, welche Auswirkungen und Präferenzen der Atemtyp mit sich bringt, wie Sie auf verschiedene Gesprächspartner eingehen und in Telefonaten neben Eloquenz und Strategie[1] gleichzeitig Sie selbst bleiben: sympathisch, interessiert, offen, authentisch, zielorientiert. Wie Sie mit Ihrer Persönlichkeit auch oder gerade am Telefon punkten, Ihren Kunden mit Sachkompetenz, Charme und Professionalität für sich gewinnen und ihn auf den „Weg zum Abschluss" bringen. Das geschieht nicht nur während des Telefonats, sondern auch danach. Und da sind wir beim Stichwort „vernetztes Telefonieren".

▷ **Wichtig zu wissen** Nutzen Sie durchaus mehrere Kommunikationswege, um sich bei Ihrem Kunden nach dem Telefonkontakt oder auf dem Weg zum Verkaufsabschluss in Erinnerung zu bringen. So verleihen Sie Ihren Telefonaten zusätzliche Power. Das geht etwa über die „gute alte E-Mail", aber auch Social Media wie Facebook, XING, Twitter, LinkedIn, YouTube oder Google+ & Co. leisten Ihnen hier gute Dienste. Sie ersetzen indes kein Gespräch, keine Kommunikation von Mensch zu Mensch (Geschäfte im B2B werden maßgeblich auf diesem Weg gemacht).

---

[1] Mehr dazu in Claudia Fischer: Telefonsales (s. Kap. 2, Fußnote 1).

C. Fischer, *Maximale Kundennähe am Telefon*,
DOI 10.1007/978-3-658-02986-9_10,
© Springer Fachmedien Wiesbaden 2013

Das Telefon im Kommunikationsmix

Über 90 % und damit nahezu jeder Deutsche kommuniziert regelmäßig per Telefon und E-Mail. Dies geht aus dem Ergebnis einer repräsentativen Umfrage über das berufliche und private Kommunikationsverhalten durch den Bundesverband Digitale Wirtschaft hervor.

Wie wichtig das Telefon auch in Zeiten von Web 2.0 bzw. 3.0 ist, machen die eingangs erwähnten Ergebnisse der Online-Studie „Telemarketing 2.0" des Düsseldorfer Marktforschungsunternehmens DTO Research deutlich, nach denen Telemarketing zu den beliebtesten Kundenmanagement-Tools zählt, sowohl zur Pflege von Stammkunden wie zur Neukundengewinnung.

Hier einige der wichtigsten Ergebnisse der Studie:

- Telemarketing spielt in über 50 % der Unternehmen eine große Rolle und gehört damit zu den beliebtesten Kundenmanagement-Tools.
- Für 64 % ist das Telefon geeignet, um Stammkunden zu halten.
- 44 % der Unternehmen nutzen Telemarketing zur Kundengewinnung.

87 % der Befragten sehen den größten Vorteil dieses Vertriebskanals in der Gewinnung von Neukunden. Doch auch Social Media können Sie beim nachhaltigen Telefonieren hervorragend flankierend unterstützen. Viele Mitarbeiter sind bereits mit Facebook, Twitter & Co. vertraut und offen für diese Art der Kommunikation: 37 % der Unternehmen setzen laut einer Umfrage des Hightech-Verbands BITKOM Social Media für ihre Mitarbeiterkommunikation ein, Tendenz steigend.

Ein Beispiel aus der Praxis zeigt, warum das „Danach" bei Verkaufstelefonaten eine so wichtige Rolle spielt.

Beispiel

Sie haben Ihre neuerworbenen Kenntnisse nun bei einem Kundentelefonat in die Praxis umgesetzt. Das Gespräch ist hervorragend gelaufen, der Kunde ist begeistert. Wenn er nun den Telefonhörer wieder auflegt, ist er sich sicher, dass er in Zukunft mit Ihnen Geschäfte machen möchte. Schließlich ist Ihr Angebot überaus attraktiv und man hat auch gleich eine gemeinsame „Wellenlänge" gefunden.

Doch dann klingelt das Telefon des Kunden erneut. Er hebt ab – am anderen Ende der Leitung ist Kollege Schmidt, der ein dringendes Problem besprechen möchte.

Zehn Minuten nach diesem Gespräch macht es „Ping" und eine Mail trudelt ein: Sie ist vom Vorstand des Unternehmens, der ad hoc die aktuellsten Geschäftszahlen benötigt. Das ist keine Bitte – sondern eine klare Anweisung. Vielleicht tritt Ihrem Kunden jetzt auch die eine oder andere Schweißperle auf die Stirn – schließlich waren die Verkaufszahlen im vergangenen Quartal alles andere als erfreulich.

Das Gespräch mit Ihnen hat er über all diesen Ablenkungen schon fast vergessen. Wenn dann auch noch später am Nachmittag Ihr Mitbewerber anruft, um dem Kunden ein Angebot zu machen, wird dieser erneut mit Fakten konfrontiert. Und das Gespräch mit Ihnen ist zu diesem Zeitpunkt bereits in weite Ferne gerückt.

In Vergessenheit zu geraten, hat meistens nichts mit böser Absicht zu tun, sondern mit den Dingen, die den Geschäftsalltag beeinflussen – manchmal auch unverhofft. Lassen Sie die Dinge – nach erfolgreichem Erst- oder Zweitkontakt – jetzt nicht auf sich beruhen. Denn dann riskieren Sie, dass die hervorragende Vorarbeit, die Sie geleistet haben, die Beziehung, die Sie anfänglich aufgebaut haben, im Sande verläuft …

Denn: Gehört heißt noch nicht nachhaltig verinnerlicht. Der Kunde hat viel von Ihnen erfahren und gelernt: Beispielsweise, dass Ihre Produktinnovation ihm bis zu 30 % Energiekosten spart und Sie soeben dafür eine prestigeträchtige Auszeichnung für das neue Gerät erhalten haben. Oder dass Sie einen 24-Stunden-Wartungsservice anbieten. Doch wie lange erinnert er sich wirklich daran?

Die Herausforderung: Der Mensch vergisst schnell. Das gilt besonders in unserer hektischen, von ständigen Unterbrechungen und Reizüberflutungen geprägten Welt.

Wie lernen wir tatsächlich – und wie schaffen wir es, im Kundenkopf präsent zu bleiben? Dazu etwas Lerntheorie: Das erfolgreiche Akzeptieren, Verinnerlichen und endgültige Umsetzen einer neuen Idee (so lässt sich Lernen wohl am einfachsten umschreiben) hängt von vielen Faktoren ab. Entscheidend aber ist vor allem, ob es gelingt, die Information wirksam und positiv zu verankern!

Die meisten Sinneseindrücke, die wir Menschen den ganzen Tag über sammeln, sind für uns völlig unwichtig. Trotzdem werden sie – zumindest einige Sekunden lang – im Ultrakurzzeitgedächtnis gespeichert. Dort wird dann geprüft, ob es die entsprechende Information „wert" ist, ins Kurzzeitgedächtnis bzw. von dort ins Langzeitgedächtnis kopiert zu werden.

Welche Information diesen Selektionsprozess durchsteht, hängt dabei von mehreren Kriterien ab. Entscheidend ist zum einen, ob die Sinneseindrücke zu bereits vorhandenen Interessen passen oder auf vorhandene Motivationen oder Assoziationen treffen. Mindestens ebenso wichtig ist außerdem, ob die Informationen in Sprache umgesetzt und entsprechend wiederholt bzw. – wie häufig sie wiederholt werden!

Wertvolle Erkenntnisse hierzu liefert uns der Psychologe Hermann Ebbinghaus. Er gilt als Entdecker der sogenannten „Vergessenskurve" und führte zu diesem Thema bereits Anfang des letzten Jahrhunderts umfassende Untersuchungen durch. Dabei stellte er fest, dass Menschen in der ersten Zeit nach einer Informationsaufnahme relativ am stärksten vergessen und dass diese Vergessenskurve zugleich eher unterproportional absinkt.

Abb. 10.1 Das Jost'-
sche Lerngesetz

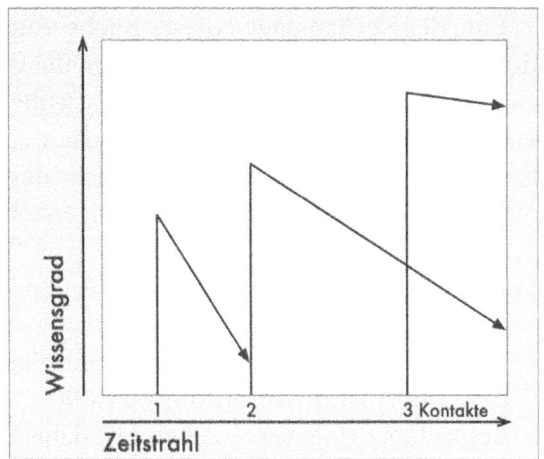

Hier einige der wichtigsten Erkenntnisse der Vergessenskurve:

- Im Durchschnitt werden bereits 20 min nach der intensiven Erstaufnahme einer Information etwa 40 % des soeben „Gelernten" vergessen.
- Nach einer Stunde sind nur noch 45 % in Erinnerung.
- Nach einem Tag sind nur noch 34 % des Gelernten präsent.
- Sechs Tage nach dem Lernen wiederum schrumpft das Wissensvolumen des Aufgenommenen auf 23 %.
- Dauerhaft werden nur 15 % des Erlernten gespeichert.

So weit, so schlecht! Nur gut, dass einige Zeit nach den Untersuchungen von Ebbinghaus von anderen namhaften Psychologen und Pädagogen festgestellt wurde, dass sich durch zeitlich geschickt gewähltes Wiederholen die „Vergessenskurve" recht gut ausgleichen bzw. „auffangen" lässt.

Erich-Norbert Detroy bildet in seinem „Powerbuch der Neukundengewinnung"[2] das in diesem Zusammenhang sehr interessante „Jost'sche Lerngesetz" ab, das diesen Sachverhalt recht anschaulich darstellt (Abb. 10.1).

---

[2] Erich-Norbert Detroy: Das Powerbuch der Neukundengewinnung, 3. Aufl., Landsberg 2005, S. 80.

Eine der Kernaussagen dieses Buchs: Aus jeder Zusatzinformation ergibt sich ein Wissenszugewinn, der die Vergessenskurve zu
einem großen Teil ausgleichen kann – wobei der zeitliche Abstand
zwischen den einzelnen Zusatzimpulsen von Mal zu Mal vergrö-
ßert werden kann, weil mehr und mehr des zu „lernenden" Infor-
mationsblocks in das aktive Langzeitgedächtnis überführt wird!

Woraus sich wiederum Folgendes ableiten lässt:

• Das Wiederholen ist die zentrale Einflussgröße für den Lern-
  bzw. Informationsvermittlungserfolg.
• Besonders Erfolg versprechend ist dabei die Wiederholungsfol-
  ge 1 – 3 – 7– 15 ... (Tage).

(Was übrigens auch – in völlig anderem Zusammenhang – von
den Untersuchungen der Anthropologen Prof. Michael Toma-
sello und Prof. Elene Lieven bestätigt zu werden scheint, die den
Spracherwerb von Kleinkindern untersuchen und die Ansicht
vertreten, dass diese das Sprechen keineswegs „schnell", sondern
nur durch ständiges Wiederholen erlernen!)

Was bedeuten Wiederholungssysteme für Sie und Ihren Umgang mit Gesprächspartnern und Kunden?

Für Ihre eigenen Lernaktivitäten bedeutet es, dass Sie neu zu Er-
lernendes möglichst nach diesem Muster wiederholen sollten
(also zum Beispiel die zentralen Aussagen dieses Buches noch
einmal lesen und die im Anhang zu diesem Kapitel enthaltenen
Übungen entsprechend häufig durchführen).

Für den Umgang mit Ihren Gesprächspartnern und Kunden
bedeutet es, dass es für Sie empfehlenswert und hilfreich sein
kann, sich auch an ein entsprechendes Wiederholungssystem zu
halten. Schließlich verinnerlichen („lernen") Ihre Gesprächspart-

ner die Informationen, die Sie ihnen vermitteln wollen (Interesse wecken, Kaufimpulse wecken etc.), dann auch am besten!

Oder anders ausgedrückt: Die Ursache für den erfolgreichen Kontakt mit Kunden per Telefon ist vor allem auch darin zu suchen, dass entsprechend nachhaltig gearbeitet wird und rechtzeitig (und immer wieder) wirksame Erinnerungsanker gesetzt werden! Und dabei können die bereits eingangs erwähnten elektronischen Kommunikationswege wie E-Mails oder Facebook & Co. eine sehr gute Ergänzung sein.

„Der Profi baut sympathische und langfristige Kundenbeziehungen auf und setzt bei jedem Kontakt einen positiven Akzent (Verankerung)", sagte ich einmal einem bekannten deutschen Fachmagazin – und genau darin liegt eben auch der Schlüssel zum Erfolg.

In der Tat ist es selbst für den besten Telefonverkäufer weder möglich noch sinnvoll, bei jedem Anruf einen Abschluss zu erzielen. Vielmehr geht es darum, sich bei Gesprächspartnern positiv zu präsentieren, Informationen zu sammeln, den Abschluss zum „richtigen" Zeitpunkt zu forcieren und weitere beziehungsfördernde Kontakte knüpfen zu können. Sinnvoll sind daher folgende Elemente: eine positive Gesprächszusammenfassung mit konkretem „Verbleib" für einen Folgekontakt („Herr Kunde, lassen Sie uns so verbleiben, ich rufe Sie am ... noch einmal an. Dann erfahren Sie, wie sich die gesetzlichen Rahmenbedingungen konkret verändert haben ..."), ein Dank, ein Lächeln (das durchaus zu „hören" ist) oder eine sogenannte „Nachmotivation" (Vorwegnahme der Entscheidung inkl. Bestätigung).

Beispiel

... „Sie können sicher sein, dass sich... für Sie lohnen wird, weil ..." „Sie können sich schon jetzt freuen, dass...", „Sie werden sehen, dass...", mit vorweggenommenen Entscheidungsrechtfertigungen dieser Art lassen sich Folgekontakte hervorragend vorbereiten.

So gelingt die nachhaltige Verankerung „im Kundenkopf"

„Steter Tropfen höhlt den Stein" – lautet ein bekanntes deutsches Sprichwort, das sich auch auf den Lerneffekt bei telefonischen Gesprächspartnern übertragen lässt. Fakt ist, dass durch geschickte Verknüpfungen immer wieder Kontakte hergestellt werden können – wodurch sich letztlich dann auch die erwünschten Erfolge erzielen lassen.

Entscheidend ist es, zunächst einmal Interesse beim Gegenüber zu wecken, kontinuierlich zu kommunizieren – und bei alledem das sogenannte „Reziprozitätsprinzip" nicht zu vernachlässigen. Das heißt: Wenn es Ihnen gelingt, bei einem Kunden/Gesprächspartner durch Wiederholungen entsprechende Anker zu setzen, wird dieser auch von sich aus aktiv werden. So gleicht sich das gegenseitige Geben und Nehmen im Laufe der Zeit aus – und Ihr Stellenwert beim Kunden/Gesprächspartner steigt zugleich von Kontakt zu Kontakt!

Im Übrigen können die mehrstufigen Kommunikationskontakte zur „Lernförderung" beim Kunden durchaus über unterschiedliche „Wege" erfolgen: Ein aufeinander abgestimmter Wechsel zwischen direkter (telefonischer) Kontaktaufnahme und einem klassischen Brief, einer Mail oder einer Social-Media-Nachricht ist dem Ganzen sogar besonders förderlich, wie sich immer wieder in der Tagespraxis vieler Unternehmen zeigt!

▶ **Wichtig zu wissen** Bitte keine nicht abgestimmten Mailings aus diversen Produkt- oder Unternehmensbereichen einsetzen! Diese tragen zur Stärkung der Verankerung kaum bei, sondern nerven eher. Entscheidend sind vielmehr die individuelle Ansprache und die gezielte Schritt-für-Schritt-Verankerung im Kopf des Kunden/des Gesprächspartners.

Mein Tipp: Um Ihnen eine Vorstellung davon zu geben, wie diese abschlussorientierte Schritt-für-Schritt-Verankerung im Kundenkopf ganz konkret möglich ist, nachfolgend ein Vorschlag im 1 – 3 – 7 – 15 – …-Tage-Ablaufsystem. Diese ist vor allem dann hilfreich, wenn die Abschlussphase seitens Ihres Klienten eine mittlere oder längere Planungs- und Umsetzungsphase erfordert:

Beispiel A

Tag 1: Telefonischer Erstkontakt mit dem Kunden, kurze Mitteilung per E-Mail

Tag 3: Mailkontakt mit dem Kunden (Aufhänger: vereinbarte Zwischeninfo)

Tag 7: Nochmaliger Telefonkontakt (Aufhänger: vereinbarte Unterstützung bei der „Einordnung" der gemailten Zusatzinformation)

Tag 15: Briefkontakt (Aufhänger z. B. individualisierte, schriftliche Information über ein spezielles Produkt/eine spezielle Dienstleistung mit konkretem Bezug zur Kundensituation)

Tag XX: Nochmaliger Telefonkontakt (Aufhänger: Nachfrage nach Spezialproduktinfo)

Tag XX: Nochmaliger Telefonkontakt (Aufhänger: „Ich habe gerade eben an Sie gedacht, weil ich auf der Autobahn den LKW eines Zulieferers von Ihnen gesehen habe …" plus kleiner Smalltalk und sanftes Heraushören des aktuellen Stands)

Beispiel B

(besonders geeignet für Gesprächspartner der Generation der „Digital Natives", der Kunden, die mit Internet & Co. aufgewachsen sind)

Tag 1: Telefonischer Erstkontakt mit dem Kunden mit, kurze Mitteilung per E-Mail

Tag 3: Überraschungskontakt mit dem Kunden per Telefon oder zusätzliche Kontaktanbahnung via XING, Facebook & Co.

Tag 7: Vereinbartes Telefonat zur Nachbesprechung bisheriger Information sowie weiterer Planung oder Terminvereinbarung zum persönlichen Kennenlernen (falls noch nicht erfolgt)

Tag 15: Einladung per Social Media zu einem Webinar Ihres Unternehmens, das für den Kunden echten Nutzen bringt

Tag 31: Nochmaliger Telefonkontakt (Aufhänger: Einladung zum Webinar)

Tag XX: Weitere Einladung, mit Ihnen auf anderen Kanälen wie etwa XING, WhatsApp, Facebook oder ähnlichen Kontakt zu halten

Tag XX: Nochmaliger Telefonkontakt (Aufhänger: Ich habe in der Zeitung gelesen, dass Ihr Unternehmen in dieser Woche sein 30-jähriges Jubiläum feiert. Gratuliere! … plus kleiner Smalltalk und sanftes Heraushören des aktuellen Stands)

Weitere Ideen und weiteres Vorgehen:

- Beziehen Sie weitere Entscheidungsträger mit ein.
- Führen Sie eine Telefonkonferenz mit weiteren Teilnehmern oder auch allen Entscheidungsträgern durch.
- Testen Sie die Wechselbereitschaft des Kunden.
- Bei mehreren Entscheidern, Kunden, die „überlegen", denken Sie bitte an den Vorverkaufsabschluss.
- Abschluss

▶ **Wichtig zu wissen** Lernerfolg, so lässt sich an dieser Stelle also noch einmal zusammenfassend festhalten, ist – und zwar sowohl für Sie selbst wie auch für Ihre Gesprächspartner und Kunden – zu einem ganz wesentlichen Teil von Ihrer Beharrlichkeit und Ihrer Bereitschaft zur Wiederholung abhängig.

Auch der Lernerfolg – und zwar sowohl bei Ihnen selbst sowie bei Ihren Gesprächspartnern – ist immer auch eine Frage des jeweiligen Atemtyps. Dies haben Sie bereits in Kap. 4 erfahren. Berücksichtigen Sie dies auch bei Ihrer „vernetzten" Telefonstrategie – es lohnt sich!

Nachfolgend haben wir für Sie die zentralen Übungen und Tipps des Buchs in Form eines Workbooks noch einmal übersichtlich zusammengefasst. Damit können Sie sich perfekt auf Ihre nächsten Telefonerfolge vorbereiten!

In Stimmung kommen ...

Starten Sie den Tag mit 60 s Lächeln vor dem Spiegel.

So bekommen Sie Ihre Stimme in die Indifferenzlage

Stellen Sie sich bitte vor, Sie hätten Hunger und Ihr Lieblingsessen steht vor Ihnen. Sie haben Hunger. Es riecht gut. Sieht gut aus. Ihnen läuft das Wasser im Mund zusammen. Sie fangen an zu essen. Es schmeckt fantastisch. Und weil es so besonders gut schmeckt, kommt Ihnen ein genießerischer Wohllaut über die Lippen. „Mmhhh" sagen Sie. Dieses „Mmhhh" wiederholen Sie bitte mehrmals. Dann sprechen Sie einen kurzen Satz – z. B. Ihre übliche Telefonbegrüßung „Guten Tag Herr Kunde, mein Name ist <Vorname>, <Nachname> von <Firmenname>", ganz so, als ob Sie wirklich telefonieren würden.

C. Fischer, *Maximale Kundennähe am Telefon*,
DOI 10.1007/978-3-658-02986-9_11,
© Springer Fachmedien Wiesbaden 2013

So reduzieren Sie eine zu hohe Sprechgeschwindigkeit

Damit Sie ein Gefühl für Ihr Sprechtempo entwickeln, ist es wichtig, dass Sie lesen. Lesen Sie sich also laut vor.
Sprechen Sie beim Vorlesen bewusst deutlich. Betonen Sie jedes Detail. Erfolgreich sind Sie mit dieser Übung, wenn andere Ihnen gerne beim Vorlesen zuhören – und auch verstehen, worum es geht.

So sprechen Sie deutlicher

Wählen Sie einen kurzen Text von etwa einer Viertel DIN-A4 Seite, den Sie dann laut vorlesen. Nehmen Sie nun einen schönen Naturkorken. Beißen Sie darauf. Mit dem Korken zwischen den Zähnen sprechen Sie jetzt den Text noch einmal. Verständlichkeit erreichen Sie mit dem Korken zwischen den Zähnen nur noch durch absolut exakte Betonungen und durch die ausgeprägte Bewegung der Lippen. Das bedeutet: Mit dem Korken zwischen den Zähnen schulen Sie Ihre Aussprache sehr gezielt.

So treffen Sie den richtigen Ton beim Kundengespräch

- Machen Sie sich klar, dass die Stimme Ihre Überzeugungskraft und die Effizienz Ihrer Kommunikation bestimmt. Nur mit der Stimme können Sie andere begeistern und motivieren.
- Vermeiden Sie auf jeden Fall Eintönigkeit. Nutzen Sie deshalb die ganze Bandbreite der Variationsmöglichkeiten wie Lautstärke und Betonung. Trainieren Sie regelmäßig den gezielten Einsatz dieser Elemente – und zwar mehrerer Elemente zugleich, zum Beispiel das Betonen wichtiger Satzteile bei gleichzeitigem Senken der Stimme.

- Lernen Sie mit angemessener Geschwindigkeit und Betonung zu sprechen. Lesen Sie regelmäßig laut vor, beispielsweise eine Seite aus einem Magazin oder einem Buch. Üben Sie sowohl Ihre Modulation als auch gezieltes, lautes Sprechen – und zwar ohne die Tonlage dabei anzuheben.
- Kalibrieren Sie, passen Sie Ihre Redegewohnheiten denen Ihres Telefonpartners an. Haben Sie einen Schnell- oder Langsamredner am Telefon? Passen Sie sich an. Spricht Ihr Gegenüber sehr leise? Dann antworten Sie immer eine Spur lauter, um Ihre Selbstsicherheit zu unterstreichen. Auf eine sehr laute Stimme sollten Sie dagegen etwas leiser antworten, um den Pegel der Aufmerksamkeit anzuheben.
- Bringen Sie durch Stimmübungen Ihre Sprechstimme in die Indifferenzlage, also in ihre individuelle natürliche Lage. Nutzen Sie den Resonanzton für Sprechübungen von kurzen Sätzen (zum Beispiel die Begrüßung) im sogenannten Bogensatz.
- Sprechen Sie in kurzen, verständlichen Sätzen.
- Halten Sie stets die richtige Balance zwischen Sprechen und Zuhören – und bauen Sie auch produktive Pausen in Ihre eigene Rede ein. Spricht Ihr Gegenüber unaufhörlich, dann haken Sie z. B. mit der persönlichen Anrede ein, während er Luft holt.
- Nutzen Sie das sogenannte Bodyfeedback. Lächeln Sie am Telefon! Am besten schon vor dem Gespräch. Zwar kann Sie Ihr Gesprächspartner nicht sehen, aber er spürt Ihr Lächeln. Lächeln entspannt die Muskeln und lässt Sie automatisch freundlicher und sicherer wirken.

Überprüfen Sie, ob Sie ein Aus- oder Einatmertyp sind

Dazu brauchen Sie neben Ihrem Geburtsdatum vor allem Ihre exakte Geburtszeit. Berechnen können Sie Ihren Typ ganz leicht im Internet unter www.terlusollogie.de.

Sind Sie ein Einatmertyp, orientieren Sie sich an folgender Tabelle

Richtiges Telefonohr	Sie nehmen nahe Geräusche besser mit Ihrem rechten Ohr wahr. Ihr fürs Telefonieren geeignetere Ohr ist das rechte
Headset	Verwenden Sie ein Headset mit Bügel über dem Kopf (vermeiden Sie möglichst Modelle, die über dem Ohr eingehängt werden)
Nebengeräusche	Für Einatmer ist Ablenkung, zum Beispiel durch Nebengeräusche (Radio etc.), extrem störend. Für konzentriertes Arbeiten braucht der Einatmer Ruhe und Konzentration. Falls Sie als Einatmer also in einem Raum mit Nebengeräuschen arbeiten müssen, ist ein Headset mit Haltebügel über dem Kopf und Lautsprechern für beide Ohren hilfreich
Optimale Körperhaltung	Halten Sie sich aufrecht beim Telefonieren. Entweder sitzend oder bei großer Anspannung auch im Stehen (dann sollte aber unbedingt herumgegangen werden!) – beides ist möglich. (Reines Stehen ist für den Einatmer nicht geeignet, denn er ist der „Bewegungstyp"). Im Sitzen halten Sie den Oberkörper gerade und drücken die Kniegelenke durch. Kippen Sie das Becken leicht nach hinten – dadurch kommt die Wirbelsäule in eine leicht S-förmige Biegung. Der Kopf ist leicht nach hinten geneigt, das Kinn oben. Die Kniegelenke strecken Sie am besten durch, die Fußgelenke sind gebeugt

Flüssigkeitsaufnahme	Trinken, trinken, trinken Sie. Schließlich brauchen Sie besonders viel Flüssigkeit. Je mehr Sie sprechen (telefonieren), desto mehr Flüssigkeit (sehr gut ist Wasser ohne Kohlensäure) sollten Sie zu sich nehmen. Kaffee und schwarzer Tee dehydrieren – zu viel davon ist schlecht für die Stimme
Kleidung	Der Einatmertyp bevorzugt leichte, das heißt pastellige Farben. Knallfarben sind ihm ein Gräuel. Wichtig: Lassen Sie den Hals frei, zumindest in geschlossenen Räumen. Vermeiden Sie also z. B. Rollkragenpullis oder Schals. Bei Halsweh gilt: Wärme, Wärme, Wärme – allerdings nur von innen (Getränke); äußerlich unterstützen Sie die Heilung durch kurze Kühlpackungen (mehrmals täglich für drei Minuten), die Sie rechts und links an die Mandelgegend halten
Raumtemperatur	Als Einatmertyp bevorzugen Sie warme Räume. Lüften? Ja, das sollten Sie immer wieder – aber denken Sie daran: Zug oder Kälte führen bei Ihnen sehr schnell zu Unwohlsein!
Schreibhand	Ihre Schreibhand ist die rechte Hand
Wichtig	Vermeiden Sie auf jeden Fall alle „Haltearbeiten" – zum Beispiel das Halten des Telefonhörers oder des Telefonskripts beim Telefonieren im Gehen
Körperliche Übungen	Für Sie besonders gut sind Dehn- und Lockerungsübungen, zum Beispiel aufstehen und Arme schütteln, Beine lockern. Wiederholen Sie solche Übungen am besten immer mehrmals. Nach längerem Sitzen brauchen Sie unbedingt Bewegung

Sind Sie ein Ausatmertyp, orientieren Sie sich an folgender Tabelle

Richtiges Telefonohr	Sie nehmen nahe Geräusche besser mit Ihrem linken Ohr wahr. Ihr fürs Telefonieren geeignetere Ohr ist das linke
Headset	Besonders wichtig für Ausatmertypen: Verwenden Sie in jedem Fall ein Headset! Ob mit Bügel über dem Kopf, unterm Kinn oder als eingehängtes Modell über dem Ohr, entscheiden Sie nach Optik und Gefallen
Nebengeräusche	Der Ausatmertyp kann auch mit Nebengeräuschen konzentriert arbeiten. Hintergrundmusik aus Radio oder PC ist für ihn angenehm. Der Ausatmer telefoniert gerne mit anderen im Raum, er braucht den Blickkontakt. Dies ändert sich nur, wenn er sich bei seinen Gesprächen unwohl fühlt. Dann ist er lieber allein, weil ihm die anderen das (seiner Vorstellung nach) sonst sofort ansehen
Optimale Körperhaltung	Falls Sie ein Ausatmertyp sind, gilt für Sie in Sachen Körperhaltung Folgendes: Beugen Sie sich beim Telefonieren leicht nach vorne. Am besten erreichen Sie das in sitzender Position (Sie sind schließlich ein „Ruhetyp"). Die Lehne eines Stuhles sollte für Sie Zierde sein, Anlehnen ist für Sie überflüssig, da die Wirbelsäule dadurch ihre aufrechte S-förmige Biegung am besten behält. Sie sitzen gut im Hohlkreuz, was durch nach hinten angewinkelte Unterschenkel noch erleichtert wird. Typisch und typgerecht für Sie als Ausatmertyp ist es, die Füße „um die Stuhlbeine zu wickeln" (was bei den heute üblichen Drehstühlen allerdings praktisch unmöglich ist!). Der Kopf ist leicht nach unten geneigt – bei leicht nach vorn gebeugtem Hals

Flüssigkeitsaufnahme	Die meisten Ausatmer trinken von Natur aus wenig. Sie vergessen zu trinken, wenn sie das Getränk nicht vor sich abstellen. Doch das ist meist auch gar nicht notwendig! Nach der Terlusollogie reicht dem Ausatmer nämlich verhältnismäßig wenig Flüssigkeit
Kleidung	Der Ausatmertyp mag kräftige Farben. Da der Hals seine Wärmezone ist, sind Rollkragen-pullover, Tücher oder Schals typrichtig. Bei Halsweh gilt ebenso wie beim Einatmer die Empfehlung „Wärme, Wärme, Wärme" – allerdings nur von außen (Kleidung). Von innen sind kalte Getränke erlaubt
Raumtemperatur	Als Ausatmertyp bevorzugen Sie wohl temperierte, aber gut durchlüftete Räume. Bei zu hoher Raumtemperatur und schlechter Luft fühlen Sie sich unwohl
Schreibhand	Ihre Schreibhand ist normalerweise die linke Hand. Wir leben allerdings nach wie vor großenteils in einer Rechtshänder-Gesellschaft. Durch Erziehung und Umfeld (Kindergarten, Schule) sind Sie jedoch vielleicht anders angeleitet oder erzogen worden (ohne dass Ihnen das heute noch bewusst ist), wie ein Rechtshänder zu agieren. Achtung: Das kann zu Störungen in der Rechtschreibung bis hin zur Legasthenie führen!
	Tipp: Als rechtsschreibender Ausatmertyp können Sie einfach für einen geeigneten Ausgleich sorgen, bei der Schreibtischarbeit z. B. dadurch, dass Maus, Taschenrechner, Tischrechner oder Telefontasten mit der linken Hand bedient werden, beim Sport unter anderem dadurch, dass der Tennis- oder Golfschläger mit der linken Hand geführt wird. Weil der Ausatmer „eigentlich" ein Linkshänder ist, gelingt dieses Umtrainieren meist innerhalb weniger Tage

Wichtig	Vermeiden Sie es nach Möglichkeit, beim Telefonieren herumzugehen (auch wenn Sie das Hören anstrengt und bei Ihnen einen Bewegungsdrang auslöst. Bewegung kostet Sie letztlich viel zu viel Energie und Konzentration)
Körperliche Übungen	Für Sie besonders gut sind Anspannungsübungen. Zum Beispiel: die Hände links und rechts unter den Stuhl halten und anspannen, zwischendurch kurz loslassen, dann wieder anspannen. Am besten mehrmals wiederholen

Für jeden das Richtige: Typische Redewendungen und Wortkombination der drei Kommunikationstypen – und wie Sie darauf reagieren

Visueller Typ	
Verhalten	Spricht bildlich, schnelles Sprechtempo, möchte etwas „sehen"
Worte	Sehen, ansehen, erkennen, erscheinen, sichtbar, offensichtlich, Ansicht, Einblick, Erscheinungsbild, Aussehen, Layout, Überblick
Redewendungen	Aus meiner Sicht …
	Ich sehe das …
	Das sieht gut aus …
	Das sieht nicht aus …
	… ins Auge fassen …
	… von Angesicht zu Angesicht …
	… alles im Blick haben …
	… schwarz sehen …
	… rot sehen …
	… im grünen Bereich …
	… grünes Licht geben …

... und so gehen Sie auf diesen Gesprächstyp ein	
Argumentation	Die offensichtlichen Vorteile für Sie sind... (Und falls Sie das Internet einsetzen können: Sie sehen, XY hat für Sie Vorteil 1 und Vorteil 2 ...)
Bestätigung	Herr Kunde, ich teile Ihre Ansicht. Sie sehen das genauso wie ich
Fragestellungen	Wie sehen Sie das? Was halten Sie davon, sich die wichtigsten Details persönlich anzusehen? Wie sieht es bei Ihnen am Montagnachmittag aus? Sehe ich das richtig: Sie meinen also ...?

Auditiver Typ	
Verhalten	Anspruchsvoller Gesprächspartner, hört jedes Wort und jedes Argument, selbst kleinste Nuancen ...
Worte	Hören, klingen, zustimmen, sagen, sprechen, informieren, denken, Wort, Einklang, Klang, Musik ...
Redewendungen	Meiner Meinung nach ... Beim Wort nehmen ... Das Gras wachsen hören ... Klingt wie Musik in meinen Ohren ... mit Ihren Zielen in Einklang bringen ... ... Wort für Wort durchsprechen ...

... und so gehen Sie auf diesen Gesprächstyp ein	
Argumentation	Das Beste, was Sie gleich über <Produkt> hören, sind Ihre Vorteile. Sie sichern sich vor allem ...
Bestätigung	Was Sie sagen, hört sich gut an Das klingt gut
Fragestellung	Was sagen Sie dazu? Wie ist Ihre Meinung dazu? Wie klingt das für Sie? Wie hört sich das Angebot für Sie an? Höre ich richtig heraus – Sie meinen ...?

Gefühlsmensch	
Verhalten	Der Gefühlsmensch möchte spüren, fühlen, anfassen, probieren ...
Worte	Finden, empfinden, spüren, fühlen, spürbar, riechen, schmecken, Gefühl, Empfinden ... der Kinästhet spricht insgesamt sehr körper- und sinnesorientiert!
Redewendungen	Ich finde ...
	Ich habe ein gutes Gefühl ...
	Ich habe ein schlechtes Gefühl ...
	Hand und Fuß haben
	... macht mir Kopfschmerzen ...
	... macht mir Bauchschmerzen ...
	... einen Standpunkt haben oder vertreten ...

... und so gehen Sie auf diesen Gesprächstyp ein	
Argumentation	Die spürbaren Vorteile sind ...
	Das <Produkt> hat Hand und Fuß ...
Fragestellung	Wie finden Sie das?
	Wie empfinden Sie das?

Die perfekte Begrüßung

- Begrüßen Sie Ihren Gesprächspartner langsam und deutlich.
- Lächeln Sie.
- Begrüßen Sie Ihren Ansprechpartner – falls irgend möglich – mit Namen.
- Sich selbst stellen Sie unbedingt mit komplettem Namen vor. Hier gilt: erst der Vorname, dann der Zuname.
- Achten Sie bei jedem Telefonat auf die Corporate Identity (CI) Ihres Unternehmens.

Entwickeln Sie mit Hilfe der nachfolgenden Liste passende „Einstiege" für typische Gesprächssituationen

Begrüßungsformel (allgemein)

Satz zur Sache: Neukunden-Akquisition (Direktabschluss)

Eingangsfrage
Antwort auf die Frage „Worum geht's?"

Satz zur Sache: Neukunden-Akquisition (Terminvereinbarung)

Eingangsfrage
Antwort auf die Frage „Worum geht's?"

Satz zur Sache: Neukunden-Akquisition (Empfehlung)
Eingangsfrage
Antwort auf die Frage „Worum geht's?"

Satz zur Sache: Bestandskunden-Akquisition (Zusatzverkauf)

Eingangsfrage
Antwort auf die Frage „Worum geht's?"

Satz zur Sache: Nachfassen von Angeboten

Eingangsfrage
Antwort auf die Frage „Worum geht's?"

Beispiele für strukturierte Gesprächsführung

Strukturierte Gesprächsführung im Akquise-Telefonat[1]

Ziel: Direktabschluss am Telefon

... im Erstgespräch	... beim Nachfassen
Vorbereitung/Erarbeiten eines Leitfadens	
• Zielsetzung • Erstellung Leitfaden (Satz zur Sache + erste Fragen)	• *vgl. Erstgespräch*
1) Positiver Gesprächseinstieg	
• Entscheiderkontrolle • Satz zur Sache (Vorstellung, Grund des Anrufs, Kundennutzen) • offene Einstiegsfrage	• ggf. kurzer Smalltalk • Satz zur Sache (Bezug zum letzten Gespräch, Ansprechen der Vereinbarung, Wiederholung Kundennutzen) • offene Einstiegsfrage
2) Benefit-Analyse	
• Bedarfsanalyse • Kundenwünsche • Entscheidungskriterien	• Erfragen der Kundenmeinung • Klärung offener Fragen
3) Nutzenargumentation (2 bis 3 Mal)	
• Präsentieren des Angebots • Darstellung Kundennutzen • Erfragen der Kundenmeinung	• *vgl. Erstgespräch*
4) Einwandbehandlung (2 bis 3 Mal)	
• Kontern durch Lob • Überleiten + Kundennutzen • Weitersteuern (Fragen)	• *vgl. Erstgespräch*
5) Abschlusstechnik/Zielvereinbarung	
• Sammeln von Kaufsignalen • Abschluss- bzw. Vorverkaufsabschlussfrage(n)	• *vgl. Erstgespräch* • Bei mehrfachen Gesprächen ohne Abschluss: Gewissensfrage
6) Benefit Sales (Weg zum Gesprächsabschluss)	
• Klärung offener Fragen • Ermittlung Zusatzbedarf • Empfehlungsmarketing	• *vgl. Erstgespräch*
7) Verbindlicher Gesprächsabschluss	
• Positive Zusammenfassung • Konkreter Verbleib (Telefontermin, Mail-Termin) • Aufforderung zur Tat • Prinzip der Entscheidungssicherheit	• *vgl. Erstgespräch*

---

[1] Mehr hierzu in „Telefonsales" 2010.

Strukturierte Gesprächsführung im Eingangstelefonat[2]

Positiver Start	Freundliche, professionelle Begrüßung
	Nochmaliger Gruß mit persönlicher Anrede
	oder Bestätigung des Anrufgrunds, Erfragen des Anrufernamens plus persönliche Anrede
	Hilfeangebot bei „Schweigern"
Hauptteil	Klärung von Kundenwünschen/Fragen
Der Weg zum Ende	Datenpflege/Adressprüfung (z. B. Schreibweise des Namens, Rufnummer für Rückruf, Erreichbarkeit)
	Offene Frage nach weiteren Wünschen
	ggf. Zufriedenheitsabfrage
Positives Ende	Positive Zusammenfassung
	Konkreter Verbleib/Aufforderung zur Tat
	Dank, Verabschiedung
Gesprächsnotiz	Datum, Uhrzeit, Name
	Anrufername, Firma
	Grund des Anrufs
	Rückrufnummer, Erreichbarkeit, Verbleib
	Priorität
	ggf. Stimmung des Anrufers

Übung: So bereiten Sie sich auf Gespräche mit Ihnen bekannten Ansprechpartnern vor

Schriftliche Vorbereitung

Definieren Sie Ihre Ziele schriftlich und so genau wie irgend möglich. Legen Sie den Zeitplan fest.

---

[2] Mehr hierzu in „Telefonpower" 2010.

Visuelle Unterstützung

Für Augenmenschen Pflicht, für alle anderen hilfreich: das in Nähe Ihres Telefons gut sicht- und lesbare Telefonskript. Außerdem nützlich: Unternehmensunterlagen (Imagebroschüre, Produktbroschüre etc.) aller Art.

Mentale Vorbereitung auf den Ansprechpartner

Bereiten Sie sich auf das Gespräch vor, indem Sie Ihren Ansprechpartner visualisieren.

Mentale Gesprächsführung

Bei der Teilübung „mentale Gesprächsführung" führen Sie vor dem eigentlichen Telefongespräch ein „gedachtes".

Impulse

Achten Sie auf alle „Impulse", die Sie während Ihres mentalen Dialogs erhalten. Solche „Impulse" können beispielsweise Gefühlsassoziationen zur Stimmung oder zur persönlichen Situation des Gesprächspartners sein.

Partnerübung: Sensibilisieren Sie sich für die Wahrnehmung von Impulsen

Bitte nehmen Sie beide jeweils ein Blatt Papier zur Hand. Darauf notieren Sie Ihre Lieblingsfarbe. Außerdem schreiben Sie auf, was Ihnen an Ihrer Lieblingsfarbe besonders gefällt und was für Assoziationen Sie mit Ihrer jeweiligen Lieblingsfarbe verbinden. (Diese Notizen dienen vor allem zur späteren „Ergebniskontrolle".)

Einer von Ihnen visualisiert nun seine Lieblingsfarbe und der andere versucht, diese Farbe zu „erspüren" bzw. vor „seinem geistigen Auge zu sehen". Der „Empfänger" notiert die Farbe, die er sieht oder spürt – außerdem alle Impulse oder Empfindungen, die er darüber hinaus wahrnimmt. Fortgeschrittene halten außerdem fest, aus welchen Gründen die Farbe für ihren jeweiligen Übungspartner „gut" ist.

Tauschen Sie Ihre Erfahrungen aus, besprechen Sie offen, was Sie erlebt, gesehen und gefühlt haben.

Übung: Wie Sie sich auf Telefonate mit Ihnen bekannten Personen einstimmen

- „Visualisieren" Sie Ihren Ansprechpartner.
- Achten Sie auf Impulse, notieren Sie diese.
- Stellen Sie sich eine Farbtabelle vor. Welche Farbe scheint Ihnen bei der Visualisierung Ihres potenziellen Gesprächspartners dominant zu sein (entspricht also – Ihrem Gefühl nach – am ehesten seiner aktuellen Situation und Stimmung)? Notieren Sie diese Farbe.

Übung: Wie Sie sich auf Telefonate mit Ihnen unbekannten Personen (z. B. potenziellen Kunden) einstimmen

Die Schritte 1 und 2 (schriftliche Vorbereitung, visuelle Unterstützung) dieser Übung entsprechen denen aus der vorangegangenen Übung. Zusätzlich machen Sie bitte Folgendes:

- Mentale Vorbereitung auf den Ansprechpartner

Bereiten Sie sich intensiv auf das Gespräch vor. Besuchen Sie beispielsweise die Homepage Ihres potenziellen Gesprächspartners (sofern dieser eine besitzt), und geben Sie den Namen auf jeden

Fall in den gängigen Suchmaschinen (z. B. Google, Yahoo etc.) ein.

- Mentale Gesprächsführung

Stimmen Sie sich auf Ihren Ansprechpartner ein. Falls Sie ein Foto Ihres Ansprechpartners vorliegen haben (z. B. aus dem Internetauftritt), verwenden Sie dieses zur Visualisierung. Wichtig: Lassen Sie sich dabei nicht von Äußerlichkeiten ablenken – es spielt keine Rolle, ob Ihnen Ihr Gesprächspartner (bzw. Ihre Gesprächspartnerin) visuell gut oder weniger gut gefällt. Versuchen Sie Ihr virtuelles „Vorgespräch" unabhängig von persönlichen Vorlieben zu führen.

- „Einfühlen" mit Hilfe der Farben

Welche Farbe fühlen oder sehen Sie, während Sie das virtuelle Gespräch führen?

- Impulse

Achten Sie auf alle Impulse, die Sie während Ihres mentalen Dialogs erhalten.

- Nach dem Gespräch

Ergänzen Sie Ihr Gespräch und Ihre Erfahrungen in Ihrer Mustertabelle und gegebenenfalls in der Auswertung Ihrer Farbsymbolik.

Checkliste: So bereiten Sie sich optimal auf Ihre Telefonate vor

Machen Sie sich jedes Mal Folgendes bewusst bzw. schaffen Sie die entsprechenden Voraussetzungen:

- Sie starten in Ruhe und positiv in den Tag.
- Sie wissen: Ihr Beruf macht Ihnen Spaß und erfüllt Sie.
- Sie sind geistig und körperlich fit.
- Sie tragen Kleidung, in der Sie sich sicher, professionell und gut angezogen fühlen.
- Sie sind gut gelaunt, Ihre positive Stimmung ist spürbar und überträgt sich auf andere (falls nicht: nutzen Sie:
  - Die 60-Sekunden-Lächel-Übung
  - Die Möglichkeiten der positiven Selbstkonditionierung – das Pawlowsche Gesetz).
- Ihr Tagesablauf ist organisiert und strukturiert.
- Ihre Aufgaben erledigen Sie zielorientiert auf Basis eines konsequenten Zeitmanagements.
- An Ihrem Arbeitsplatz fühlen Sie sich wohl und sicher. Ein ansprechendes Büro, ein aufgeräumter und typgerecht organisierter Schreibtisch (PC, Telefon etc.) sorgen für Wohlfühlatmosphäre.
- Sie freuen sich auf jedes Kundengespräch am Telefon.
- Ihre Telefonate sind immer auch Teil einer freundschaftlich geprägten Kunden- und Geschäftsbeziehungspflege.
- Sie nehmen sich selbst sehr deutlich wahr – und sind mit sich im Reinen.
- Sie sind sich sicher, dass Ihr Gesprächspartner von Ihrem Anruf profitiert, insbesondere auch deshalb, weil Sie sich sowohl fachlich als auch empathisch auf ihn einstellt haben – und die dabei gewonnenen Erkenntnisse in seinem Interesse nutzen. Ihr Gesprächspartner kann Ihnen deshalb absolut vertrauen!
- Ihr Telefonskript ist sorgfältig vorbereitet – und liegt Ihnen in schriftlicher Form vor.
- Alle Hilfsmittel, die sinnvoll sein könnten (Imagebroschüre, Testimonials von Kunden, eine Übersicht Ihrer persönlichen Erfolgserlebnisse) liegen – für Augenmenschen absolute Pflicht, für andere sicher auch sehr hilfreich – gut sichtbar am Arbeitsplatz bereit.

- Sie vermeiden es, Aussagen oder Handlungen eines Gesprächspartners zu interpretieren. Einwände oder Ablehnung eines Kunden nehmen Sie nicht persönlich. Sie wissen: Die Welt kann bereits am nächsten Tag anders aussehen.

Die wichtigsten Tipps für Ihr Verhalten während eines Telefonats

- Lächeln Sie – und überprüfen Sie auch zwischendurch immer wieder, ob Sie weiter lächeln.
- Nehmen Sie eine typgerechte Körperhaltung ein und behalten Sie diese während des Gesprächs bei.
- Telefon, PC, Maus sind typgerecht auf dem Schreibtisch arrangiert.
- Stift und Papier liegen bereit.
- Führen Sie Ihr Gespräch zielorientiert und bemühen Sie sich dabei, sympathisch zu wirken.
- Machen Sie schon während des Gesprächs Gesprächsnotizen zu Inhalt und getroffenen Vereinbarungen. Wichtig dabei: Informieren Sie Ihren Gesprächspartner, sobald Sie sich Notizen machen.
- Falls Sie mit bereits vertrauten Personen telefonieren, bitten Sie ruhig um einen kurzen Moment Zeit, falls Sie diese brauchen – zum Beispiel, um sich in ein Thema einzudenken oder einzufühlen.
- Bleiben Sie offen und empfänglich für neue oder zusätzliche Gesprächsimpulse. Vor allem auch dann, falls diese von Ihrer ursprünglichen Gesprächsplanung abweichen sollten!
- Erfassen Sie unbedingt alle Stimmungen und Impulse, die Sie von Ihrem Ansprechpartner empfangen.

- Notieren Sie auch rein intuitive Eingebungen. Dann können Sie diese bei passender Gelegenheit mit in den weiteren Gesprächsverlauf „einflechten".

So werten Sie Ihre Telefonate optimal aus

- Falls Sie Ihre Gesprächsnotizen per Hand verfasst haben, übertragen Sie diese unbedingt in eine elektronische Datenbank.
- Notieren Sie auch unbedingt alle gewonnenen Erkenntnisse privater Art, zum Beispiel Hobbys oder Informationen zu Kindern, Ehepartnern oder Urlaubsplänen etc. (Beachten Sie dabei aber auch die aktuellen Richtlinien des Datenschutzes!).
- Übertragen Sie getroffene Vereinbarungen und Wiedervorlagetermine sofort in Ihren Kalender.
- Ergänzen Sie Ihre Auswertungen zur Farbsymbolik kontinuierlich durch neue Erkenntnisse – und vergleichen Sie diese Ergebnisse mit den bereits gemachten.
- Sammeln und erfassen Sie Ihre intuitiven Eindrücke. Prüfen Sie, wie und wann Sie diese nutzen können.
- Analysieren Sie Ihre Gesprächsstruktur. Wie zielorientiert sind Sie vorgegangen?
- Überprüfen Sie Ihr jeweiliges Gesprächsergebnis. Inwieweit stimmt es mit Ihrem Ziel überein?

Ganz entscheidend: Erfassen Sie Ihre Erfolgserlebnisse mit einer täglichen Erfolgsstatistik.

Muster: Tägliche Telefon-Erfolgsstatistik

Name: _____

Datum/Telefonzeit von – bis: _____

Anzahl der Ausgangstelefonate

Entscheidergespräche	☺ ☺ ☺ ☺ ☺	☺ ☺ ☺ ☺ ☺	☺ ☺ ☺ ☺ ☺ ∑
Nachricht hinterlassen	☺ ☺ ☺ ☺ ☺	☺ ☺ ☺ ☺ ☺	☺ ☺ ☺ ☺ ☺ ∑
Versuche	☺ ☺ ☺ ☺ ☺	☺ ☺ ☺ ☺ ☺	☺ ☺ ☺ ☺ ☺ ∑

Anzahl der Eingangstelefonate

Anzahl der Anrufe	☺ ☺ ☺ ☺	☺ ☺ ☺ ☺	☺ ☺ ☺ ☺ ☺ ∑
Klärung im Gespräch	☺ ☺ ☺ ☺	☺ ☺ ☺ ☺	☺ ☺ ☺ ☺ ☺ ∑
Versuche	☺ ☺ ☺ ☺ ☺	☺ ☺ ☺ ☺ ☺	☺ ☺ ☺ ☺ ☺ ∑

Ergebnisse

Direktabschluss	☺ ☺ ☺ ☺ ☺	☺ ☺ ☺ ☺ ☺	☺ ☺ ☺ ☺ ☺ ∑
Qualifizierter Termin	☺ ☺ ☺ ☺ ☺	☺ ☺ ☺ ☺ ☺	☺ ☺ ☺ ☺ ☺ ∑
Angebot	☺ ☺ ☺ ☺ ☺	☺ ☺ ☺ ☺ ☺	☺ ☺ ☺ ☺ ☺ ∑
Informationsmaterial	☺ ☺ ☺ ☺ ☺	☺ ☺ ☺ ☺ ☺	☺ ☺ ☺ ☺ ☺ ∑
Tel. Wiedervorlage	☺ ☺ ☺ ☺ ☺	☺ ☺ ☺ ☺ ☺	☺ ☺ ☺ ☺ ☺ ∑
Kein Bedarf	☺ ☺ ☺ ☺ ☺	☺ ☺ ☺ ☺ ☺	☺ ☺ ☺ ☺ ☺ ∑

Umsatz:

Kunde: _____   Euro: _____

Kunde: _____   Euro: _____

Kunde: _____   Euro: _____

Kunde: _____   Euro: _____

Kunde: _____   Euro: _____   ∑

Auswertung Farbsymbolik

Gesprächsziel	Gefühlte Farbe	Bedeutung der Farbe vor dem Telefonat	Sonstiges (gegebenenfalls Abweichung/ Ergänzung)
Telefonischer Termin bei bestehenden Kunden XY	Hellblau	Kunde ist kommunikationsbereit	Kunde war weniger hektisch als sonst, guter Zeitpunkt, gleich einige Fragen zu klären

Auswertung Farbsymbolik

Gesprächsziel	Gefühlte Farbe	Bedeutung der Farbe vor dem Telefonat	Sonstiges (gegebenenfalls Abweichung/Ergänzung)

The manufacturer's authorised representative in the EU is Springer
Nature Customer Service Centre GmbH, Europaplatz 3, 69115 Heidelberg,
Germany. If you have any concerns regarding our products, please
contact ProductSafety@springernature.com

Printed and bound by CPI Group (UK) Ltd, Croydon, CR0 4YY
27/04/2026
02097641-0003